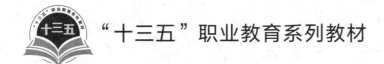

"十三五"职业教育系列教材

U0457374

电力行业大学生创新创业教育

DIANLI HANGYE DAXUESHENG

CHUANGXIN CHUANGYE JIAOYU

主　编　何小荣
副主编　朱一闻　李建兴
编　写　郭步霄　胡晓元　张淑艳
　　　　谷　平　鹿　彬
主　审　尚　宏

中国电力出版社

CHINA ELECTRIC POWER PRESS

内 容 提 要

本书为"十三五"职业教育系列教材。

本书为创新创业教育通识类公共教材，以培养学生创新意识和思维为主、创业教育为辅，从实用、易教易学的角度出发，将内容划分为十一章，主要内容包括大学生创新创业概述，创新意识、思维，创新方法，创新发明，大学生创新创业与人生发展，创业机会与资源整合，创业者与创业团队，创业计划书，新企业的开办，新企业的生存与成长管理及创业政策与法规。本书具有实用性、趣味性、行业特色鲜明等特点。

本书可作为高职高专院校开设创新创业教育课程的配套教材，以及对创新创业感兴趣的大学生和青年人群的参考书。

图书在版编目（CIP）数据

电力行业大学生创新创业教育 / 何小荣主编． —北京：中国电力出版社，2019.1（2021.5 重印）
"十三五"职业教育规划教材
ISBN 978-7-5198-2866-0

Ⅰ．①电… Ⅱ．①何… Ⅲ．①电力工业－大学生－创业－高等职业教育－教材 Ⅳ．①G647.38

中国版本图书馆 CIP 数据核字（2019）第 016290 号

出版发行：中国电力出版社
地　　址：北京市东城区北京站西街 19 号（邮政编码 100005）
网　　址：http://www.cepp.sgcc.com.cn
责任编辑：冯宁宁（010-63412537）
责任校对：黄　蓓　常燕昆
装帧设计：王英磊　赵丽媛
责任印制：钱兴根

印　　刷：北京雁林吉兆印刷有限公司
版　　次：2019 年 1 月第一版
印　　次：2021 年 5 月北京第四次印刷
开　　本：787 毫米×1092 毫米　16 开本
印　　张：10.5
字　　数：240 千字
定　　价：35.00 元

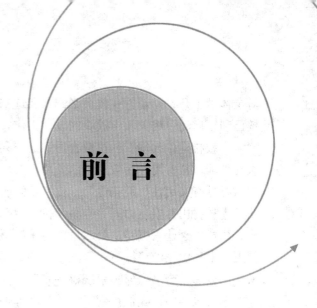

前　言

我国创业创新教育起步较晚，1991 年教育部《面向 21 世纪教育振兴行动计划》正式提出加强对教师和学生的创业教育，创业教育真正实施于 1997 年清华大学的首届"创业计划大赛"。1998 年 10 月，在联合国教科文总部巴黎召开自该组织成立 50 年以来首次的、有 115 位教育部长、2800 多名高等学校校长、教育专家参加的世界高等教育会议，发表了《21 世纪的高等教育：展望与行动世界宣言》和《高等教育改革和发展的优先行动框架》。两个文件都明确强调，必须把培养学生的创业技能和创业精神作为高等教育的基本目标。2010 年 5 月，《教育部关于大力推进高等学校创新创业教育和大学生自主创业工作的意见》指出："大学生是最具创新、创业潜力的群体之一。在高等学校开展创新创业教育，积极鼓励高校学生自主创业，是教育系统深入学习实践科学发展观，服务于创新型国家建设的重大战略举措；是深化高等教育教学改革，培养学生创新精神和实践能力的重要途径；是落实以创业带动就业，促进高校毕业生充分就业的重要措施。"2013 年 11 月，党的十八届三中全会强调：政府必须完善就业服务体系，鼓励创业带动就业，健全促进就业创业体制机制。尤其强调促进以高校毕业生为重点的青年就业，并就做好高校毕业生就业工作做了全面部署：完善扶持创业的优惠政策，形成政府激励创业、社会支持创业、劳动者勇于创业的新机制。实行激励高校毕业生自主创业政策，整合发展国家和省级高校毕业生就业创业基金。

2015 年 3 月 11 日，国务院办公厅发布《关于发展众创空间推进大众创新创业的指导意见》（国办发〔2015〕9 号）。该意见指出，要加快实施创新驱动发展战略，适应和引领经济发展新常态，顺应网络时代大众创业，万众创新的新趋势；鼓励高校开发开设创新创业教育课程，加强大学生创业培训，以创业带动就业。2015 年 5 月 4 日，国务院办公厅发布《关于深化高等学校创新创业教育改革的实施意见》（国办发〔2015〕36 号）。该意见指出，要健全创新创业教育课程体系，组织学科带头人、行业企业优秀人才，联合编写具有科学性、先进性、适用性的创新创业教育重点教材。按照《教育部关于做好 2016 届全国普通高等学校毕业生就业创业工作的通知》（教学〔2015〕12 号）文件的要求，各地各高校都要把提高教育质量作为创新创业教育改革的出发点和落脚点，根据人才培养定位和创新创业教育目标要求，促进专业教育与创新创业教育有机融合。从 2016 年起，所有高校都要对全体学生开设创新创业教育必修课和选修课，并将其纳入学分管理。目前各高等职业院校已陆续启动了相关教学板块的设计工作。

本教材定位为创新创业教育通识类公共教材，以培养学生创新意识和思维为主、创业教育为辅，从实用、易教易学的角度出发，将内容划分为十一章。与其他同类教材相比，本教材具有实用性、趣味性、行业特色鲜明等特点。

本教材由西安电力高等专科学校"双创"教育课程编写组编写。具体编写分工为：第一、六章由李建兴编写，第二章由谷平编写，第三章由郭步霄编写，第四章由鹿彬编写，第五、七章由张淑艳编写，第八章由胡晓元编写，第九章由何小荣编写，第十、十一章由朱一闻编写。全书由何小荣统稿并修改，由尚宏担任主审。

编写过程中，我们得到了领导和老师们的大力支持和帮助，在此向所有给予帮助和付出艰辛努力的老师和同仁表示衷心的感谢！

由于编写时间仓促，加之作者水平有限，疏漏和不妥之处在所难免，恳请各位专家批评指正。

编　者

2018 年 11 月

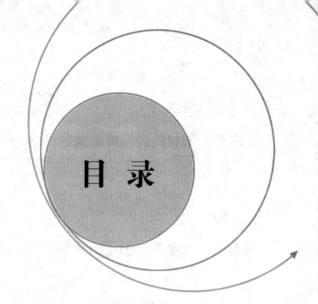

目 录

第一章　大学生创新创业概述

任务目标

通过学习本模块的内容，基本了解近代电力行业创新创业的典范，对电力行业创新创业有一个感性认识，激发大家对创新创业及立足岗位创新创业的热情。

第一节　电力行业创新创业的典范

一、一位被埋没了的天才

有人说，他预测出第一次、第二次世界大战；有人说，他预见了泰坦尼克号的沉没；有人说，他制造了通古斯大爆炸，威力是广岛核弹的 1000 倍；有人说，他可以利用电磁，穿越时空；有人说，FBI 将他的照片挂在机密大楼的头号位置。

无线电是谁发明的？伽利尔摩·马可尼。伽利尔摩·马可尼还因此获得了 1909 年的诺贝尔物理学奖。事实是，特斯拉 1897 年就获得了无线电技术的专利。

雷达是谁发明的？罗伯特·沃特森·瓦特。罗伯特·沃特森·瓦特这个英国人在 1935 年发明了第一台实用雷达。事实是，早在 1917 年，特斯拉就向美国海军提出了这个建议。

X 射线是谁发现的？威廉·康拉德·伦琴。威廉·康拉德·伦琴还因此获得了诺贝尔奖物理学奖。事实是，特斯拉先于伦琴发现 X 射线，并警告说这个东西很危险，拒绝实施医学实验。

三相交流电的发明创造了近代电力事业的辉煌；他建起了世界上第一个水利发电站——尼亚加拉水电站；他第一次成功记录接收了来自外太空无线电电波；他在一百多年前就持有晶体管的专利；1898 年，他制造了能产生人工地震的振荡器，在输入频率时，差点将纽约市夷为平地；1899 年，他造出一大堆球状闪电，这是迄今为止，世界上唯一一次在实验室制造出球状闪电；1901 年，他建造了沃登克里弗塔，用于横跨大西洋的无线电能传输实验。

他还设计过一种没有机翼，没有副翼，没有螺旋桨，没有其他外部装置的飞机，飞行速度极高，完全通过反作用实现续航和驱动。

他设计了"大计划"：

（1）Worldwide wireless communication "全球无线电通信计划"。

（2）Worldwide transmission of electricity "全球电力输送计划"。

（3）A shield to protect the US from foreign invasion "美国国家防御盾牌网计划"。

当初他计划中的"全球无线电通信计划"，时至今日只落实了 30%，收费却异常高昂，尤其是手机。而"全球电力输送计划"只落实到 1%，唯有美国及苏联军方在使用，乃至后期的联合国部队也使用，至于民间则是全部使用"有线"并且采用收费制度。而真正成形的只有"美国国家防御盾牌网计划"，美国国防部在 2000 年前后，于外太空所部署的达成率估计有 70%已经完成，当然，只是完成了很片面的硬技术，对于盾牌网计划的最重要部位是在于"粒子墙"及"微死光"，是太极的柔软技术，也就是非常细微的光网组成的巩固防护，而在苏联方面，当然也有硬技术，也进行部署。

他被誉为"科学之神"，他被誉为史上最伟大的科学家、最接近神的人，现在，却很少有人知道他的事迹。他的发明涉及交流电、无线电系统、原子弹、氢弹、中子弹、磁炸弹、隐形飞机、雷达系统、太空梭通信系统、洲际飞弹导航系统、人造卫星系统、宇航机器人、深海机器人、登陆月球、登陆火星、引力门系统（钓飞碟系统）。除了在科学上卓有建树，他还是一名诗人、哲学家、音乐鉴赏家、养鸽专家、语言学家。他精通八种语言，塞尔维亚语、英语、捷克语、德语、法语、匈牙利语、意大利语、拉丁语。

他婉拒诺贝尔奖，共享交流电的发明专利，放弃成为世界首富的机会，为科学事业终身不娶，每天只睡 2h，拥有 700 项发明，被称为"神"，最终，却死于贫穷。

他就是尼古拉·特斯拉。

二、拥有 2000 多项发明、1000 多项专利的人——爱迪生

美国第 31 任总统胡佛说："他是一位伟大的发明家，也是人类的恩人。"

爱迪生在 84 年的生命中有那么多发明，一直持之以恒、专心致志地从事发明，他除了在留声机、电灯、电话、电报、电影等方面的发明和贡献外，在矿业、建筑业、化工等领域也有不少创作和真知灼见，他为人类的文明和进步作出了巨大贡献。

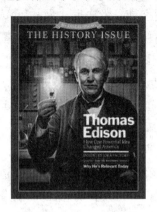

爱迪生主要发明、改造进程如下：

1868 年：投票计数器（又名"表决器""投票计数器"）

1869 年：普用印刷机（又名"爱迪生普用印刷机"）

1874 年：同步发报机（又名"四通路发报机""四重发报机""四通路系统发报机"）

1875 年：声波分析谐振器

1876 年：蜡纸油印机

1877 年：碳阻送话机［又称"碳精送话器"，最初的电话的发明者是亚历山大·贝尔及锡箔筒式留声机（最初的留声机）］

1879 年：碳化棉丝白炽灯（又称"碳化棉丝灯"，最初的电灯发明者是汉弗里·戴维）

1880 年：碳化竹丝灯（又名"毛竹丝灯"）以及电表

1886 年：蜡筒留声机

1889 年：电影留声机

1902 年：镍铁碱性蓄电池（又称"镍铁碱蓄电池"）

1904 年：圆筒唱片（最初的唱片发明者是埃米尔·别尔利赫尔）

1891 年：活动电影放映机

1910 年：有声电影

1911 年，爱迪生在杂志上发表文章，做出了一系列关于科学技术将如何改变世界的预言。至今这些预言有的已经实现，但也有部分预言则是错误的或暂时没有实现。

镍制书本：爱迪生认为"与纸比起来，镍将使得书本更加便宜、书页更加结实、柔软。"但爱迪生似乎从来没有预见到将会发生电子数字型书籍取代纸质书本。

万能机器：爱迪生对机器未来更广泛的用途从来没有怀疑过，他认为："机器将参与许多事务，而不是只靠人类手工来完成，裁缝师操劳于缝纫机上的日子将一去不再复返。"这个观点具有进步的意义。

更多人会用钢筋混凝土：现代钢筋混凝土建筑的建造部分归功于爱迪生，他设计的长窑让水泥工业实现了彻底的变革。爱迪生曾表示："建筑不用钢筋混凝土，而用砖块和钢铁，那建筑师肯定是太愚蠢了。"但从二战结束后，更多的建筑师开始采用钢框架加玻璃材料，而不是使用钢筋混凝土。

不需要木制家具：爱迪生认为："后人们将坐在钢制高脚椅子上，在钢制餐桌旁吃饭，后人们将不再明白什么是木制家具，这是因为合金比木材更轻、更便宜，而且可以用来完全仿造木材。"不过，即使在现代化的家庭中，木材仍然是家具或装修的主要材料。

水能火车："蒸汽机将退出历史舞台，电气化火车将兴起。"这也是爱迪生的预言之一。他甚至预言："通过水车发电来维持铁路运行。"这个预言已经部分实现了，但关于铁路网络由水能维持，事实上并非完全如此。

人造黄金：至少从文艺复兴时期起，炼金术士一直梦想能够制造出人造黄金，爱迪生也不例外，他曾经预言："美国人必将制造出黄金，这只不过是时间问题。届时，黄金将会成为一种日用品，不再具有诱惑性。"至今，爱迪生的预言也只是部分正确，科学家们已经在实验室中利用原子制造出人造黄金。

科技战胜贫困：爱迪生认为："只有在手工业的世界才会出现贫困。人类使用他们的大脑来创新发展，科技进步将创造出巨大的财富，这足以赶走贫困。"很明显，这一预言并没有实现。

机械化的大黄蜂：1911 年，已是莱特兄弟飞机首飞成功的八年后，爱迪生认识到未来高速飞机的可能性："一架飞行机器上如果装有机械化的大黄蜂，它应该可以直接飞起来；除了机械化的大黄蜂外，还将会有能够携带乘客、可飞行超过 100 英里（约合 160 公里）的飞行器。"这种说法只有在科幻片中才能出现。

三、两家知名电气公司

（一）西屋电气公司

在世界 26 个国家和地区设有 250 家工厂，现有职工 125 000 人，持股人 135 000 人，年销售额 107 亿美元（1986）。其主要业务领域涉及发电设备、输变电设备、用电设备和电控制设备、环境电器、家用生活电器等门类共 4000 多种产品。1886 年，公司在美国建立了第一座交流发电厂，1890 年建立了第一条交流输电线路，1895 年在尼亚加拉瀑布安装了第一台水轮发电机（5000 千瓦），1900 年制造出美国第一台汽轮发电机。1893 年，西屋公司与尼古拉特斯拉合作，竞拍得在芝加哥举行的哥伦比亚博览会的用交流电照明的工程，这是在交流电发展史上的一件大事。西屋公司和特斯拉希望借此机会向美国民众展示交流电的可靠性和安全性。1955 年试制成超临界、二次再热汽轮发电机，1957 年建成了美国第一座商用核电站。大古力水电站的巨型水电机组也是西屋电气公司制造。公司还最早制成 500 千伏六氟化硫断路器，70 年代制成 1100 千伏安变压器，此外还在世界上率先生产低损耗非晶态合金配电变压器。

1893 年，西屋电气用 25 万盏电灯照亮了芝加哥世博会，从此开启了有照明世博会的历史。

1905 年，西屋电气生产了美国上第一辆由电力驱动的火车，开启了电气化火车的时代。

1933 年，西屋电气生产的当时世界最快的电梯装备世界最高的建筑，美国洛克菲勒中心。

1941 年，西屋电气制造的军用雷达正式装备美国海军。

1969 年，西屋电气制造的高清晰度摄像机由美国宇航员带上月球，并记录下宇航员在月球行走的珍贵影像。

1977 年，西屋电气制造的高灵敏度军用雷达正式装备美国空军的雷达预警飞机。

1991 年，西屋电气设计并制造城市智能交通指挥系统在美国主要城市开始装备使用。

2006 年，西屋电气正式进入消费电子领域。

2008 年，西屋电气正式进入环保领域，并推出全系列工业用、商用和家用产品。

（二）通用电气公司

美国通用电气公司是世界上最大的电气设备、电器和电子设备制造公司，它的产值曾经占美国电工行业全部产值的 1/4 左右。通用电气公司的历史可追溯到托马斯·爱迪生，他于 1878 年创立了爱迪生电灯公司。1892 年，爱迪生电灯公司和汤姆森－休斯顿电气公司合并，成立了通用电气公司（GE）。GE 公司致力于不断创新、发明和再创造，将创意转化为领先的产品和服务。GE 由四大业务集团构成，每个集团都包括多个共同增长的部门。GE 的业务推动着全球经济发展和人们生活条件的改善。GE 的 4 个全球研发中心吸引着世界上最出色的技术人才，超过 3000 名研究人员正努力创造新一代的技术创新。

 思考题

两个典范对创新创业的启示是什么？

第二节　创新、创新再创新

创新是科学的灵魂。科学的本质就在于不断地发现、发明，不断地创新。从结绳记事到当代计算机，从钻木取火到核电站，从化石动物到克隆技术，从对宏观低速物质运动的直观认识到量子力学对微观客体的波函数统计描述，科学一如既往地在不断创新中前进。

一部科学史，就是不断发现新现象、揭示新规律、确立新理论、创造新方法的历史。中国面临创断的挑战，到 2020 年建成小康社会，将由"中国制造"转向"中国创造"，任务光荣而艰巨。

世界进入知识经济时代，"科学技术是第一生产力"，整个社会活动的重心是知识的创造性应用，其核心资源是人力资本，即需要能够创造性地解决各类问题、提高资源效率、创造社会财富的创新型人才。

"创新是一个国家、一个民族的灵魂"，我们都知道创新的重要性，但无论是科技创新，还是管理创新、协同创新、营销创新等，都需要依靠人去提出、去执行、去完成。创新者个体的思维方式、创造能力和思想水平，包括他（她）的智商和情商，都将决定创新的成败。提高创新者个体的创新思维能力已成为人才培养的核心。

一、大师们创新的奥秘

1. 精于提出富有价值的新问题

阿基米德原理的发现始于金冠问题，避雷针的发明始于富兰克林研究的雷电问题，拉瓦锡对氧气的发现始于燃烧问题，非欧几何的创立始于欧氏第五公设问题，德布罗意物质波的发现始于光是什么的问题，DNA 双螺旋结构的发现始于生命是什么的问题，袁隆平发明新型杂交水稻始于水稻杂种优势问题。

2. 善于创造解决问题的新方法

法拉第为了找到磁生电的方法，探索了 10 年，才找到了用磁铁切割线圈的磁生电的正确方法，赫兹设计制造出精密的实验设备，证实麦克斯韦预言的电磁波存在，克鲁克斯制造出对阴极线进行研究的高真空无辉光放电管，找到了电子，发现了 X 射线，打开了微观世界的大门。

3. 乐于将生命投入到有价值的事物中去

居里夫人经过 3 年又 9 个月的提炼从 400 吨矿石残渣、800 吨水中分离出微量（一分克）氯化镭，测得镭原子量为 225。诺贝尔奖获得者伍尔哈德女士研究了 2 万只果蝇的变化，每天都重复着非常枯燥乏味的工作，最后找出了变化规律。她们俩志向远大，有毅力和恒心，才做出了伟大的成就。

4. 勇于进行自我批评以及严格尊重事实

美国物理学者罗伯特·密立根不同意而且怀疑爱因斯坦于 1905 年提出的光电效应的理论。他因此花费约 10 年时间做实验研究光电效应，最后证实了爱因斯坦的理论正确无误。密立根因为"关于基本电荷以及光电效应的工作"获 1923 年诺贝尔物理学奖。

二、创新的认识

创新的名词是奥地利政治经济学家约瑟夫熊彼特于19世纪20年代首先提出的，"创新"是将原始生产要素重排列组合为新的生产方式，以求提高效率降低成本的一个经济过程。在瑟夫熊彼特经济模型能够成功创新的人便能够摆脱利润递减的困境而生存下来，那些不能够成功地重新组合生产要素之人会最先被市场淘汰。

熊彼特认为，"创新"就是建立一种新的生产函数，也就是说，把一种从来没有过的关于生产要素和生产条件的"新组合"引入生产体系。这种新组合包括 5 种情况：

（1）采用一种新产品或一种产品的新特征。

（2）采用一种新的生产方法，引入新的生产方式、新的工艺流程。

（3）开辟一个新市场。

（4）开拓或控制原材料或半制成品的一种新的供应来源。

（5）采用新的组织、管理方式。

因此，熊彼特的"创新"实质上并不是一个技术概念，而是一个经济概念。它是把现成的技术革新引入经济组织，形成新的经济能力。彼特提出的"创新"，被称为技术创新。其目的在于使技术与经济结合，从而阐明经济发展的规律。技术创新的含义可从以下几方面解释：

（1）技术创新不仅是一种生产活动，而且是一种经济活动，其实质是企业生产经营系统引入新的技术要素，以获得更多的利润。

（2）技术创新工作大多着眼于三个层次：一是发明；二是新产品的研究开发及成果的商品化和旧产品的更新换代；三是技术革新与改造，寻求实用。

（3）技术创新的主体是企业。

熊彼特对企业家在技术创新中的作用寄予厚望。他认为，企业家是推动经济发展的主体，创新的主动力来自企业家精神，成功的创新取决于企业家的素质。

熊彼特的创新理论，是狭义上的技术创新理论。技术创新在经济学上的意义只是包括新产品、新过程、新系统和新装备等形式在内的技术向商业化实现的首次转化。企业的技术创新是企业家对生产要素、生产条件、生产组织进行重新组合，通过资源的再配置、再整合改进，以建立效能好、效率更高的新生产体系，获得更大利润的过程。

三、科技创新

科学是出于人类解释世界、认识世界以及改造世界的需要而进行的探索自然世界的本质和规律的创造性活动，科学是发现，其基本形式是假设——对事实和现象进行创新性的理论解释，科学也是探索，通过求证和去伪，使假设不断趋于稳定、趋于确定、趋于真理的体系建立过程。科学的任务是追求理性真理，其特点是原创性和非功利性。

技术是指从事前人从未进行过的技术或工艺活动，即创制新的事物、首创新的制作方法。技术是发明，通过改变和创造，使事物不断变化、不断更新的过程。技术的任务是追求实用和高效，其特点是，新颖性和功利性。

目前，人们对创新的理解，大大地扩展了熊彼特的技术创新的含义。通常，人们把发现与发明看成是科技创新的两种主要形式，发现是原来自然界就"存在"的，"发现"出来；"发现"是对自然的理论阐释。发明是原来"没有"，"发明"出来。发明是指提供新的做事方式或对某一问题提出新的技术解决方案的产品或方法。无论科学的发现或是技术的发明都需要批判和继承的精神，这一点是二者相同的，现在我们对于创新的理解，大大扩展了熊彼特对创新的阐释。通常我们理解为："打破常规为创，前所未有为新"或者说："无中生有为创，从有到新为新"。当然，还有各种各样的提法："创新简单地说就是利用存在的自然资源创造新东西的一种手段。""创新是新设想（或新概念）发展到实际和成功应用的阶段""创断是人类的创造性活动，人类自觉能动性的集中体现"。

科技创新，就是在科学技术上，干人所未干，想人所未想，其中包括对已有成果的模仿性改造。科技创新追求的主要是事物的新概念或事物的新颖性，科学家和发明家要创新，就是要不断地改变事物，即我们需要改变。这个改变就是通过"加""减""乘""除"从而产生新的事物。创新最宝贵的是原创性的发现创造或新颖性的发明成果，它需要丰富的想象力。

《国家科学技术奖励推荐书》中提出了三种类型的科技创新：

（1）基础型创新，或称原始创新。包括关于自然现象规律的新认识，关于科学理论、学说上的创见；关于原理、机理的进一步阐明；关于研究方法手段上的创新或通过基础数据的科学积累总结出的规律认识等。原始创新一般是基础研究。

（2）复合型创新，或称集成创新，指的是对已有科学技术的新组合、嫁接、移植、推广（新方法），以及新组合、新结构、新工艺、新方法、新配方、新用途等。复合创新一般是应用研究。

（3）改进型创新，是指对已有产品的改进，或者单一改进或者综合改进，也可以是产生一个的想法，例如企业的合理化建议活动：提出一个新的营销策略，开发一种新的采油工艺，提出一种新的质量控制方法。

四、创造力与创新三要素

创新需要创造力，创造力是人们根据已有的经验和知识创造性地解决问题的能力。创造力是使事物发生改变的能力。创造力通过改变产生新的事物。

创造力是人的思维活动能力，特别是人的原创性思维和特异性思维的能力。创造力是人的自我完善的结果，也是人自我实现的基本素质。人都有创造力，人人都有可能进行创造。

有关创造力的基本规则。不外乎以下几个方面：

（1）推翻、相反、颠倒。

（2）转移、传递、改变、变换。

（3）组合、结合、联合。

例如，带小孩的自行车进商店可能成为一辆手推车；两根棍子可以变为一双筷子；橡皮加到铅笔上变成能擦能写的铅笔；透镜的组合就变成望远镜、显微镜等。

开发创新力的资源和要素有以下几个方面：

（1）智慧：提出问题和创意，重新定义问题，能认清楚问题，评价问题的价值，能建构和改进问题。

（2）知识：要质疑，要判断，就要有理念、有原则，故知识是从事创造性活动必备的智力资源。

（3）思维：思维是解决问题所用的方式、方法，能"异想天开"。

（4）人格：有勇气，能坚持，捍卫自己的想法。

（5）动机：内在或外在的动机，以及兴趣。

（6）环境：要有一个激发创意的环境。

创新的成效主要取决于三个要素：

（1）科学思维：思维决定出路。应针对不同的问题，选择不同的思维技巧。例如点式思维、线式思维、发散思维、逆向思维、形象思维、逻辑思维等。

（2）科学方法：方法决定成败，它是取得科技重大进步的必由之路。创新过程中方法的突破往往是产生飞跃的条件。

（3）科学工具：工具决定实力，科学工具是创新的必要保障。科学工具的创新是开展科学研究和实现发明创造的必要手段，哈勃射电望远镜的研制成功才实现了人类对宇宙的科学观察。

五、创造性思维

科学的本质在于创新，创新离不开想象力。爱因斯坦说：想象力比知识更重要。与想象力密切相关的是创造性思维能力。要创新就必须具有创造性思维能力。思想观念创新，有赖于创造性思维的激发，要善于借新眼光观察问题，从新角度提出问题，以新思路分析问题，用新办法解决问题。

创造性思维表现为善于摆脱逻辑思维的束缚，借助直觉洞察研究方向和选择课题；善于打破思维定式，诱发灵感捕捉机遇；善于摒弃已有认识模式，运用想象标新立异；善于转换思路，对问题进行发散思维，特别是逆向思考；善于对事物进行联想和类比，从中启迪思想。善于在极不相同的事物间发现共同点，在极为相似的事物间寻求不同点；善于在事物的多样性中寻求高层次的和谐与统一；善于综合运用各种方法处理问题等。

创造性思维有以下 5 种形式：

（1）横向思维：与传统的直线性的思维不同，横向思维时刻在探讨和寻找更新更好的解题思路，例如纵向思维是要把一口井挖好并继续挖深，横向维则是要试试其他位置。

（2）求异思维：相对于常规思维，其思维活动不受任何框架、模式的约束，从而突破传统观念和习惯势力的禁锢，从新的角度和方法考察问题。

（3）发散思维：也称开放式思维，思维沿着各种不同的方向思考，寻求解决方案。

（4）想象思维：想象可能从梦境或梦幻中来，所产生的各种思想和图像，有可能生成解决某一现实难题的创意胚胎。如爱因斯坦在相对论中设想的"火车实验""升降机实验"等思想。

（5）直觉思维：相对于逻辑思维而言，直觉思维指不经过逐步分析而迅速做出合理猜测或突然顿悟。

六、创新型人才应具备的素质和特点

成为一个创新型人才，需要具备以下六个方面的素质：一是坚定的自信心，坚信自己的研究和目标是有科学依据的，一定能实现的；二是强烈的创新愿望：善于质疑，从似乎无关的事物和现象中发现问题、提出问题；三是要有深厚的理论基础：学习要深透，基础要扎实，才有举一反三、解决问题的能力；四是良好的分析能力：能从众多复杂的因素中找出关键的因素；五是正确的研究方法：能寻找最适合的科学研究途径，特别是假说和方案；六是坚强的心理素质：有强大的心理承受能力，有坚忍不拔的意志能够承受失败、挫折的考验。

一般说来，成功的创新者具有以下特点：

（1）他们使用突破常规的思维方式，愿意背离传统惯例。

（2）他们殚精竭虑，发现新现象、发明新方法。

（3）他们具有坚定信念，而对不确定的因素有冒险精神。

（4）他们探究新的、不同的方法，拓展新的领域。

（5）他们愿意从事充满挑战的事业，让"梦想"变为现实。

（6）他们孜孜不倦地追求完美，对未知领域进行深入研究。

（7）他们不断寻找更多可供选择的方法。

（8）他们质疑现有方法，愿意尝试一切。

（9）他们有积极的自我认识，百折不挠，充满好奇。

（10）他们在非常艰苦的条件下完成工作，克服重重困难。

有了能力个性、驱动力和冒险精神，大部分人都能够对社会做出贡献，甚至做出重大贡献。是否成为名家，是另一问题。如果认识到自己的创造性智能和潜力，朝这个方向努力，很多人能够取得杰出成就。

成功的创新者之所以有成就首先在于勤奋和专注，对所从事领域的专业知识的深刻理解以及具有识别（常人通常忽略）异常事物的能力，他们的思想受到了高度的激发，能够长时间地专注在问题或想法上。其次是毅力和耐心。"锲而不舍，金石可镂"是成功的创新者最需要的个人品质，而非凡的成就是奉献和汗水的结果。

七、激发创意的途径

要创新，就要激发出创意，也就是出思想、出点子，大概有以下途径：

（1）随时捕捉创意。创意为一缕若有似无的轻烟，随时随地都会出现，转瞬即逝，善于随时捕捉各种灵感和思想火花，并立刻记下来，深思熟虑后加以发扬或抛弃。

（2）留意先进的东西和进步的思想，也许会有引导和启发。善于发现生活和工作中的疑难和不便，促使发明新东西改变现状，因为问题是发现之母。

（3）尝试改变既有模式，勇于吸收新思想，依循固定模式已被证明了无创意，必改变。

（4）和有思想的人或有强烈创造欲望的人一起工作和讨论，适度的放松是有必要的，可能受别人的感染，会有发明的欲望萌发新的创意。

八、创新：态度最重要

研究创造的过程中，要努力创新，有所发明、有所创造、有所前进，也要不怕失败。"失败是成功之母"，爱迪生失败了 10 000 次，但他成功地发现了 10 000 种行不通的方法，这就是他对发明创造的态度。重要的是，在研究的过程中，要记录下每次失败的结果，作为走向成功的经验。

搞科学研究或发明创造，什么最重要？态度最重要。在创造发明的过程中，最重要的是，持积极乐观的态度、永不放弃的态度、持之以恒的态度、善于学习的态度。因为科学研究和发明创造不可能一次成功，必然要经历无数的失败，才能成功。乐观者、坚持者会将失败看成经验的积累和自我的完善过程，永远不会放弃。悲观者的态度比较消极，怨天尤人，觉得没有希望，不会成功，以至于中途放弃。

我国不少科技人员只懂得前人曾经做过的事情，他们的知识和能力只被用来解决前人已经解决过的问题，他们的工作对于后人并未提供比前人提供给他们的基础更高的起点；他们按上级和书本的指示循规矩地进行工作，拘泥于先例与指示，不敢有所发明，有所前进，有所创新，他们缺乏的是自信心和奋斗的精神，这样的人委实太多了，创新对于他们，非不能也乃不为也，这是令人诧异和叹惜的。

创新并不是专家学者们的专利，而是人类前进永不止步的探索。对于创新，重要的是提高自己的素质。"别把创新看得那么简单，如果你不注意提高自己的素质；也别把创新看得那么复杂，如果你已经具备较高的素质。"实际，受过高等教育的人，如果不是自卑或者自暴自弃的话，只要努力，都可以有所发现，有所发明，有所创造，在创新的道路上取得成功。

 思考题

谈谈你对创新的认识。

第三节　大　众　创　业

一、什么是创业

什么是创业，目前还没有广泛接受、一致认同的定义。影响较大的观点主要有：中国传统文化认为创业就是创立基业，为将来打下良好的基础；西方学者奈特认为创业是承受不确定性和风险而获取利润；熊彼特认为创业是实现创新的过程；科兹纳指出创业是正确地预测下一个不完全市场和不均衡现象在何处发生的套利行为和能力；盖特纳则认为创业是建立新组织；洛·麦克米兰认为创业就是建立新企业；蒂蒙斯认为创业已经超越了传统的创建企业的概念，在各种形式、公司的各个阶段都存在创业活动，并提出了一个很宽泛的定义：创业是思考、推理和行动的方法，它不仅受机会的制约，还要求有完整缜密的实施方法和讲求高度平衡的领导艺术。

夏思和文体塔拉曼侧重强调创业机会对于创业的重要性：作为一个商业领域，创业致力于理解创造新事物的机会是如何出现并被特定的个体所发现和创造的，这些个体如何运用各种方法去利用或捕捉机会，然后产生各种结果。

对于创业，管理学和经济学中有各式各样的定义，对于没有经过经济管理专业知识学习的大学生来说，理解起来比较困难，我们尽量选择通俗易懂的解释方式来给创业下定义。

创业是劳动方式的一种，是一种需要创业者自我雇佣，并运营、组织、运用服务、技术、器物作业的思考、推理和判断的系列行为。

创业是一个商业行为，致力于创造新事物（新产品、新市场、新生产过程或原材料、组织现有技术的新方法）的机会，是一个人或几个人发现一个商机并以实际行动转化为具体的社会形态，获得利益，实现价值的过程。

创业的本质是一种不满足于现状、积极进取的行为状态，是敢于创新并承担风险的心理意识，是充分发挥主观能动性、爱岗敬业的工作和做人态度。

创业可以被看作是创立一项"事业"，比如开始从事某一份工作，出版一本图书、完成一项活动、创立一个社团，乃至组建家庭等。但狭义的创业则仅指个体或公司化的经营活动。也就是说，具有开创精神和风险承担能力的创业者，通过资源整合，挖掘市场机遇，设计出符合客户需求的产品或服务，并将其销售出去获得收入的过程。

当然，对于对经营知识了解不多的大学生来说，上述关于创业的概念仍然略微复杂了一些，如果我们用虽不精确但最简单的语言来描述，所谓创业可以总结为三个字：

"卖东西！"

虽然只有短短三个字，但这三个字却包含了创业这一概念最重要的两个方面——"东西"。说明了创业的产品，可以是实体商品，也可以是服务；"卖"则说明了创业中最重要的是商业模式和盈利模式，即如何通过销售商品及服务来满足客户的需求，获得收入与利润。

"卖东西"虽然听起来品位不高，与我们从媒体上获得的对创业的印象可能大相径庭，但同学们也绝不可小看这三个字。有没有东西可卖，卖给谁，能不能卖得出去，卖出去了能不能赚钱，这都是值得思考的问题。这几个环节当中有一个环节不成功，创业的过程就有可能失败。

总之，创业无处不在，无时不在。每个人都可以在任何时间、任何地点、在现有岗位上创业，取得事业上的成功。衡量一个人是否在创业，核心是把握创业的本质。

二、为什么要创业

穷则思变。一个人唯一不能选择的是出生于哪个家庭。面对家底的状况，尤其是经济状况，没有绝望之情者几乎没有。在绝望的情绪中人往往可以分为三种：第一种人随遇而安，失望之后便平静了，把出身带来的卑微和艰辛叫命运。然后听天由命，麻木生活，这种人占较大多数。第二种人失望之后是抱怨，怨天尤人。把自己生活的种种失败和对前途的失望都怪罪到父母和社会，好像全世界的人都对不起他，都对他不公平，要么激烈地抱怨他人和环境，要么借酒消愁自甘颓废，这种人不是很多，但仍有一定的比例。第三种人也经历过深深的绝望，他们在绝望中激起了一种改天换地的抱负。个人无法选择家庭，但可以选择命运。

自古以来，成就事业与出身优越从来都没有必然的联系。出身寒门干一番轰轰烈烈事业的大有人在。过去多，现在多，将来会更多。自己是把握命运的第一责任人。自己的最终成就、荣誉和幸福与出身毫无必然联系。通过自己的双手打拼一番事业，依然会获得人们的尊敬。正所谓"英雄不问出处"，真正值得人们敬仰的人，是那些直面人生，穷则思变的人。

穷且益坚，不坠青云之志。决心创业，迈出创业的步子是一番艰难的选择。创业不仅仅需要热情、冲动和勇气，更需要努力和坚持，只有经过艰难，初衷不改的人，才能获得创业的成功！

1. 创业是人类内在的需求

美国心理学家马斯洛认为人类有五大基本需求，分五个层次，由低级逐渐走向高级，即生理需求、安全需求、社交需求、尊重需求和自我实现需求五类，依次由较低层次到较高层次。

创业就其哲学意义来讲，就是通过创业的成功达成自我的实现。经过一番艰苦的创业，取得成就，进而受到人们的赞扬和尊重，获得自信和荣誉，从而感知生命的存在和意义，是人类最深沉的内在需求。

2. 创业是自立、自主、自强，重塑自我的过程

具有独立的人格，善于进行独立的选择，采取独立的行为，不受世俗、偏见的理论束缚叫自立；凭借自己的双手和智慧构建事业基础叫自主；通过创业实践，增强自己的能力，磨炼意志，以强者形象立足社会叫自强。创业的基础来自于自立、自主、自强，没有"三自"理念，创业就无法进行；而真正意义上的自立、自主、自强又来自于创业的成功，"自我"经历了这样的过程而得到重塑。

3. 创业是锐意进取的抱负

诸葛亮说"夫志当存高远，慕先贤，绝情欲，弃凝滞，使庶几之志……若志不强毅，意气不慷慨，徒碌碌滞于俗，默默束于情，永窜伏于庸"势必"年与时驰，意与日去，遂成枯落，多不接世，悲守穷庐，将复何及！"。

人生短暂，生命只今一次。如果不能捕捉这千载难逢的机遇，放手一搏，创一番事业，终将抱憾。孟子曰："故天将降大任于斯人也，必先苦其心志，劳其筋骨，饿其体肤，空乏其身，行拂乱其所为，所以动心忍性，曾益其所不能。"自古以来成人事者，都经历过体肤、心志、疲惫之苦，创业更不例外。

"创业"，是一件既简单又复杂的事情。

说它简单，是因为创业的逻辑很清楚，过程不复杂——把产品卖出去，把钱收回来。这件事情比进行基础科学研究、发明高科技武器、探索外太空这样的事情都要简单。创业者是否有资格进行创业，与其所学专业、学历水平、家庭出身都没有必然的关系。可以说，这是一个对年轻创业者来说最好的时代，只要同学们有想法有信心，就可以去进行创业实践。

但从另一个角度来看，创业又是一件很复杂的事情。虽然创业过程对创业者的学历和出身都没有要求，但是对创业者的智商、情商及胆商都提出了更高的要求。创业者不仅要有洞察商机、把握市场的能力，要有产品设计和销售渠道建立能力，同时还需要组建团队、运营管理。可以说，创业之所以复杂就在于创业者既要各方面能力都很突出，又要有能承受各种风险、压力的强大的意志品质和百折不挠的执着精神，创业好比走迷宫，找到正确的方法和路径，就能够成功找到出口。如果没有地图，也没有导航仪，即使路径再简单，也有可能原地踏步，甚至误入歧途。

三、创业确实不易

一个人是否适合创业，需要从许多维度去考量，比如资源、渠道、领导能力、沟通能力、协调能力、抗压能力，以及拼搏精神等等。关于创业者的素质模型，学术研究也给出了多种评价标准。通过对众多成功创业者的特征分析，我们总结出了适合创业者的三大特征：勇气、执着、领导力。

勇气，是所有创业活动的开始。大多数创业者的创业活动，都是从"一穷二白"的情况下开始的——要资金没资金，要产品没产品，要团队没团队，要品牌没品牌，要渠道没渠道。只有靠勇气才能走出这最难、最惨的一步。没有人会向创业者承诺，创业一定会成功，否则岂不是人人都会选择创业？正是这种不确定性让创业充满了风险，也正是这种风险考验了一个想要创业的人是否真正具备面对风险的勇气。"前怕狼后怕虎"，在机遇面前犹豫不决，在风险面前逃避退缩，这样的人是不适合创业的。

当然，有了勇气，敢于承担风险，敢于下海试水，并不能保证创业的成功。很多时候，这只是万里长征的第一步。下决心创业难，坚持创业更难。下定决心的那一天，也许还有悲壮和豪迈的感觉，真正开始创业的日子，则如同柴米油盐酱醋茶的家庭生活，充满了细节和琐碎。客户的抱怨，人员的离职，政策的改变，手头的拮据，无时无刻不在考验着创业者的耐心与毅力。因此，比勇气更为重要的意志品质，是能够坚持到底、持之以恒。没有哪一个创业项目是能够一蹴而就的，世界上也没有哪个伟大的公司是一天建成的。许多创业企业都是经历九死一生，在多年的奋斗之后才逐步走向成功的。大学生经常被社会描绘成"不靠谱"群体，就在于很多时候，大学生没有表现出持之以恒的精神，不能够坚持做好一件事。学习要执着，创业更要执着，喜欢三天打鱼两天晒网的同学，是不适合创业的。

很多创业者虽然各方面能力都比较突出。但是谁也不是天才，更不是全才。退一步讲，即使我们是全才，也不可能有时间去做所有事情。成功的创业者一定要学会用人，没有团队的创业者注定是孤家寡人，是很难将创业的规模做大的。很多优秀的企业家其实自己并不是产品方面的专家，有的甚至不是管理企业的专家，但是他们有能力将技术专家和企业管理人才聚集在自己的身边，让他们发挥自己的特长，弥补自己能力上的缺陷和不足，从而创造出伟大的企业。这些人才凭什么围绕在创业者周围呢？这是因为创业者具有领导力。领导力就是决策力和影响力。专家只能策划方案，解决专业问题，最终决断还得创业者自己来。决策力直接关系到企业的未来走向、兴衰成败。除了物质利益之外，创业者要依靠自己的魅力、品格和领导艺术凝聚团队、激励人才。毛泽东说，领导工作千头万绪，归结起来就是做两件事情，一是出主意，二是用干部。创业者就是这样，提升领导力，不仅要会出主意、选主意（决策力），还要会领导团队（影响力）。简单地说，创业的决心，不能别人替你下，创业之路。也不能别人替你走，但创业路上你必须找到更多能和你互补的人同行。

四、创业教育

（一）国际创业教育

国外很早就开展了创业教育，并产生了较大的成效。1989 年 11 月，联合国教科文组织召开的"面向 21 世纪教育"研讨会提出了继文化知识证书、职业技能证书之后的"第二本教育护照——创业教育"的概念。

国外高校很注重就业创业教育。美国设立了 100 多个创业研究中心，发行了 40 多份有关创业和创业教育的学术期刊。德国 1999 年就提出"要使高校成为创业者的熔炉"，10 年内要达到每届有 20%～30% 的毕业生独立创业的指标。2005 年英国政府发起一项中学生做生意的计划，要求所有 12～18 岁的中学生必须参加为期两周的商业培训课程，以促进经济发展。日本在 1998 年提出从小学开始实施就业和创业教育，要求小学生早上两三个小时去送报、送奶。

美国考夫曼基金会（该基金会是世界上最大的专门支持创业教育的基金会）主席卡尔·施拉姆在《创业力》一书中指山："目前，唯一被美国独占的资源就是创业型社会。创业力不仅是我们发挥聪明才智的必要条件，也是美国的优势资源，我们必须充分加以利用。"

（二）我国开设创业基础课程的意义

当前，我国普通高等学校正在开展创业教育，开设创业基础课程。有条件的大学生可以去创办企业。暂时不具备创办企业条件的大学生同样可以在学习和日常生活中创业，或者说以创业的精神状态对待学习和日常生活。

怀抱梦想，提高社会情商，校园学习和社会学习并行，建立独立的人际关系，获得不怕失败的勇气，这同样也是创业的一种表现形式。2012 年 8 月，教育部要求本科高校开设创业基础课程，让每个本科生接受创业教育，其意义是十分重大的。

第一，提高大学生的综合素质。

目前，企业反映求贤难，大学生感叹求职难。大学毕业生的综合素质跟不上社会的要求。创业教育培养学生的创新意识、创业精神和创业技能，对大学生的影响是多方面的：改善意志品质、价值观、世界观，提升情商，改善自我认知，找准自己的优势和劣势。

第二，促进大学生职业生涯的发展。

创业教育对于大学生职业生涯发展的影响是多方面的：

一是有助于引导大学生主动地进行职业探索，积极地规划未来，取得人生的成功。

二是能增强学生的岗位转换能力和抗挫折能力，使他们在职业生涯发展中不断开辟新路。

三是引领学生把所学理论知识转化为实践能力。市场是要赢利的，讲效益的：因此，创业活动可以引领同学们把理论知识转化为对实际工作有用的能力、素质。

第三，促进就业。

创业教育培养学生的求异思维，使学生带着创业的思路去开创，以创业带动就业。

就业也是一个世界性的难题。国外的创业比例更高。为什么中国的就业这么难？有学者指出，其中一个原因是创业者太少。从发达国家的实践来看，65%～80% 的劳动力在自由职业、微型企业和中小企业就业，每千人拥有的微型和中小企业的数量是 45～55 个，企业的 99.5% 以上是微型和中小企业。而我们国家只有 53% 的劳动力在个体、微型和中小企业中就业，每千人拥有的企业数不到 10 个。

我国大学生的创业比例不到毕业生总数的 1%，发达国家的这一比例是 20%～30%。

第四，创业教育培养学生的创业意识和创业技能。

1. 培养创业意识、创业精神

通过创业知识的理论学习、创业实践，培养同学们克服困难、承担风险的心理素质和实干精神，使大家能够适应各种社会环境，成为一个智者、强者、责任者和主动进取者，毕业以后能够大胆地走向社会，为社会发展做贡献。

2. 培养创新能力、创新思维、创新人格

创新思维以思维的独立性和批判性、发散性为重要标志。没有独立思考、独立判断，缺乏自己的主见，就根本谈不上创新；盲从、随波逐流、人云亦云也谈不上创新。所谓思维的发散性主要是指思维的流畅性、变通性，要有独立，有批判，有流畅和变通，才有发展、创造和超越。

创新人格是创新活动的动力系统，主要表现在对创新活动的热爱，乐于接受新事物，有强烈的创新欲望，以及在创新活动中勇于克服困难，不屈不挠的奋斗精神，即创新情感和创新意志。

3. 培养自信、勇于且善于交流的个性品质

未来世纪，对人的素质的标准更高，这就要求我们教育出来的学生，不仅具有充分发展的智能，掌握前沿的科学文化知识，而且要求学生还具有不畏挫折、勇于创新、自强自信、正确交际、团结协作的优良个性品质。通过其特定的形式去培养学生，让他们认识社会，了解社会，增强社会责任感，培养善于团结合作的协作精神，培养尊重劳动，爱惜劳动成果的良好行为习惯，培养自信、勇于且善于交流的优秀个性品质。

4. 掌握创建新企业的一些基本知识

本书在结合目前国际国内政治、经济、市场需求，主要以电力行业、企业创新创业市场为载体，对大学生创新创业教育的培养目标、课程设置、内容选取及编排、案例分析等方面，做了大量的组织、收集、整理、创新工作，对创建新企业的一些基本知识进行了详尽的阐述。

 思考题

（1）谈谈你对创业的认识？

（2）你为什么要创业？

（3）创业教育的意义有哪些？

第二章　创新意识、思维

🎯 **任务目标**

　　掌握创新的概念、创新的分类，认知创新的过程，了解创新意识。

👤 **教学重点**

　　掌握创新的概念、分类。

🎛 **教学难点**

　　建立创新的意识。

💾 **案例导入**

　　叩诊法诞生是 18 世纪，一位奥地利医生在给一个患者看病时，尚未确诊，患者突然死去。经过解剖发现，其胸腔化脓并积满了脓水。能否在解剖前诊断出胸腔是否积有脓水？积了多少？一天，在一个酒店里，他看到伙计们正在搬酒桶，只见他们敲敲这只桶，敲敲那只桶，边敲边用耳朵听。他忽然领悟到，伙计们是根据叩击酒桶发出的声音来判断桶内还有多少酒的，那么人体胸腔脓水的多少是否也可利用叩击的方法来判断呢？他大胆地做了试验，结果获得了成功。这样，一种新的诊断法——"叩诊法"从此诞生了。

　　启示：创新思维是指以新颖独创的方法解决问题的思维过程，通过这种思维能突破常规思维的界限，以超常规甚至反常规的方法、视角去思考问题，提出与众不同的解决方案，从而产生新颖的、独到的、有社会意义的思维成果。

第一节　创新思维的概念和分类

一、创新概念

　　创新是以新思维、新发明和新描述为特征的一种概念化过程。其起源于拉丁语，有三层含义：更新、创造新的东西、改变。从本质上来说，创新是创新思维蓝图的外化和物化。

二、创新分类

按照创新所属领域分，可将创新分为理论创新、科技创新、管理创新、市场创新和文化创新五个方面。

（一）理论创新

人们在社会活动中，对出现的新问题，作新的理性分析和理性解答，对认识对象或实践对象的本质、规律和发展变化的趋势作新的揭示和预见，对人类历史经验和现实经验作新的理性升华。简单地说，就是对原有理论体系或框架的新突破，对原有理论和方法的新修正新发展，以及对理论禁区和未知领域的新探索。

可分为意识形态理论创新、基础研究科学理论创新。意识形态理论创新包括：哲学理念创新、思想观念创新和文化创新、法学原理创新等。科学基础理论创新涉及面更是广泛，难以界限。

依据理论创新实现的不同方式，可把理论创新分为五种，即原发性理论创新、阐释性理论创新、修正性理论创新、发掘性理论创新和方法性理论创新。

（1）原发性理论创新是指新原理、新理论体系或新学派的架构与形成。爱因斯坦提出的相对论理论都属于此种创新。

（2）阐释性理论创新是指依据社会实践的需要，清除旁人附加给原有理论的错误解释，对其思想资料和原理进行梳理归纳，恢复理论本来的面目。

（3）修正性理论创新是指在肯定和继承原有理论的基础上，根据实践的需要，对原有的理论体系和原理，做出新的补充和修改，做出新的论证和发挥。

（4）发掘性理论创新是指前人已经提出的某些理论，由于各种原因，被遗忘了、掩埋了、淡化了，根据时代的需要，把它重新凸现出来，使其重放光芒。

（5）方法性理论创新是指从社会科学研究方法和学科体系角度，用新的原则、新的模式或新的视野，对社会实践问题做出新的解释，实现社会科学研究方法、思想的更新。比如，信息论、系统论、控制论等。

（二）科技创新

科技创新是原创性科学研究和技术创新的总称，是指创造和应用新知识和新技术、新工艺，采用新的生产方式和经营管理模式，开发新产品，提高产品质量，提供新服务的过程。

科技创新由于涉及政府、企业、科研院所、高等院校、国际组织、中介服务机构、社会公众等多个主体，又包括人才、资金、科技基础、知识产权、制度建设、创新氛围等多个要素，所以是各创新主体、创新要素交互复杂作用下的一种复杂涌现现象，是一类开放的复杂巨系统。技术创新的巨大力量是来自于科学研究与知识创新，来自专家和人民群众的广泛参与，来自于社会的创新氛围，来自于市场的回报，来自于政府的提倡，法律的支撑。

例如美国有很好的创新氛围，这离不开美国政府的技术创新、政策支持和法律的支撑：美国政府对技术创新的财政补贴及税收减免政策：二战以后，美国政府逐渐取代本国的工业资本家，成为科学研究的主要资助者。20世纪50年代，美国政府用于研究开发的经费增长速度惊人，比私人企业快1.5倍以上。从20世纪60年代开始，由联邦政府支出的科研经费占美国国内总科研经费的一半以上。由联邦政府支出的这些科研经费，绝大部分用于基础研究开发。另外美国政府重视基础科学研究开发：2001年，美国政府对研究开发提供了高达913亿美元的资助。在布什政府执政的4年中，美国政府的研究开发预算增加了44%。2007年，这一预算比2001年提高了50%，预计将达到1372亿美元。到2008年，该金额预计达到1427亿美元，是2001年政府资助的156%。美国政府对研究开发支出的绝对量不仅是世界上最高的，而且美国研究开发的资金有2/3用于提高产品的技术，1/3用于进行创新的过程。这就使美国在突破性技术创新上占有优势。美国研究开发的大规模投资使其成为世界专利的主要拥有国之一，拥有专利占世界专利数量的57%。不仅对研究开发的高额资助可以促进企业进行技术创新，研究开发的支出结构也是促进企业进行技术创新的重要因素。其次美国政府大力扶持中小企业技术创新：美国政府对技术创新企业尤其是中小企业的补贴有两种，可以概括为直接补贴和间接补贴。直接补贴主要是以直接拨款和提供科研经费等形式对企业的技术创新进行资助；间接补贴主要指以贷款和贷款担保的形式对企业的技术创新进行资助。再次，美国政府多方面对研究开发进行税收减免，早在20世纪50年代就已经开始了。1954年的美国《内部收益法典》对于研究开发支出的税收支持作了条文性规定。1981年里根政府的经济复兴税法在前者的基础上又作了许多补充规定。其中有一条规定，企业在任何一年的研究开发支出额超过预期的部分可以获得25%的税收减免。20世纪90年代的克林顿政府也不断调整制定对于研究开发的税收刺激政策。此外，美国国防部的独立研究开发计划也为企业的研究开发活动提供财政优惠。

（三）管理创新

管理创新是指在人们现有的生产和生活环境条件下，通过创设新的、更能有效激励人们行为的制度、规范体系来实现社会的持续发展和变革的创新。所有创新活动都有赖于管理创新的积淀和持续激励，通过制度创新得以固化，并以制度化的方式持续发挥着自己的作用，这是管理创新的积极意义所在。

信息技术引领的现代科技的发展以及经济全球化的进程，进一步推动了管理创新，这既包括宏观管理层面上的创新——制度创新，也包括微观管理层面上的创新。现代科技引领的管理创新无疑是我们所在这个时代创新的主旋律，也是科技创新体系的重要组成部分。知识创新、技术创新、现代科技引领的管理创新之间的协同互动共同演化形成了科技创新。

全面创新管理（TIM）是迄今为止最先进、最科学的创新管理模式，它以构建和提高核心能力为中心，以价值创造和增加为目标，以战略为导向，以技术创新为核心，以组织的各种创新（战略创新、组织创新、市场创新、管理创新、文化创新、制度创新等）的有机组合与协同创新为手段，凭借有效的创新管理机制和方法，做到人人创新，事事创新，时时创新，处处创新。日本优秀企业的创新管理模式充分体现了全面创新管理模式的主要特征。

索尼公司 TIM 模式的主要特点和成功之处在于：通过公开分享创新，使事业部成为创新的孵化器。索尼公司有 19 个事业部，每个都有自己的创新部门；创新系统：创新从研究中心、实验室和业务部共同进行，实现时时、处处创新；鼓励创新人员申请专利。专利数量多的人晋升机会大，公司内部专门设有专利部，并每月召开会议；制度创新上，实行定期工作轮换制，促进创新推广和培养复合创新人才；通过创新计划和创新协调确保创新共享和转移，其不仅了解企业内部创新，还关注外部一切相关创新，以企业价值增加为根本，通过协调人际关系的方式，使创新在企业内外部分享和转移；敞开大门的创新交流会议，让创新全过程的人都参加，把创新和企业上下游市场连接到一起。企业每年至少举办 2 次，有多达 1000 人参加，这是彼此间相互了解知识和生产过程的良好机会，促进了创新；召开创新座谈，使创新人员之间以及外部专家进一步交流经验，完善和扩散现有的创新，并培育了强大的创新人际关系网络。

（四）市场创新

市场创新是指新产品的开发、新市场的开拓、新生产要素的发现、新生产方式的引进和新企业组织形式的实施。在现代经济条件下，创新就是新的组合，如新技术与新产品的组合、新技术与新生产过程的组合、新技术与新生产原料的组合、新技术与新市场开发的组合以及新技术（或新的生产力）和新产业组织的组合等。总之，创新在经济学上的意义就是新的组合，而这个组合的最初起因可能是知识的创新和技术的创新，通过与经济生活中的某一活动相组合，就带来一场经济生活领域的革命。

在计算机行业，日本的佐佐木研制专供中小学计算机学习机，类似微型计算机的学习机配上小学四、五、六年级的数学、英语、国语的学习软件来替代家庭教师或补习学校，从而创立了"智慧市场"。

（五）文化创新

文化创新就是在继承前人文化遗产精华的基础上，结合新的实践和时代的要求，结合人民群众精神文化生活的需要，所进行的文化上的超越和创造。文化发展的实质，就在于文化创新，文化创新包括在方方面面。

例如，舞蹈，在我国古代传统文化中占有重要地位，是我国 "礼乐"中"乐"的重要组成部分。古人曾言："诗，言其志也；歌，咏其声也；舞，动其容也。"所谓原生态舞蹈，应当是在古代先民们的日常生活劳动实践中产生的，它是民间的舞蹈，具有"文化源头"的意义，较少受到"现代化"的入侵。著名舞蹈家杨丽萍主创、编导并领衔打造的艺术精品曾获得第四届中国舞蹈"荷花奖"金奖的《云南印象》便是当之无愧的文化市场创新的代表。傣族的音乐、藏族的音乐，歌唱似冰山雪峰的狂风暴雪；佤族的音乐，歌唱似木咚咚；白族的音乐，歌唱似百灵轻盈跳跃；彝族的音乐，似山林长鸣，猿啼呼啸。各民族的原生态音乐交织融合，经过人类的吟唱，被各自赋予了不同的感情。把古老舞蹈与现代道具和舞美相结合就是文化形式的一种创新。《云南文化》的出演，在中国大地上刮起了一场民族风暴，成为一种文化现象。

第二节　开展创新的过程

一、创新过程

开展创新是一个复杂的过程，不同的创新内容，会有不同的特点，一般要遵循如下四个阶段：

（一）筹备期

筹备期是问题的提出阶段，创新过程中预备期是必不可少的阶段。要做到如下两个方面。

1. 增强好奇心

对习以为常的事物保持好奇心。其实现实的一切从事物发展的角度而言都是不合理的，都会在未来的世界里被全盘推翻，苹果都会落，但落到牛顿头上，他却发现了万有引力。

2. 问题导向性

心理学认为问题就是："如果你想做什么事情，但你不知道如何做，那么你就遇到了一个问题。"问题是多种多样的，从内容到形式都是千差万别的。所有问题是，你遇到的一个情景，一个没有直接明显的方法、想法或途径可遵循的情景。

（二）酝酿期

创新的酝酿期，也是创新过程中对于所发现问题进行分析加工的过程。

（三）明确期

创新的明确期是创新过程中最重要的执行过程，之前对于问题的分析在这个时候要付诸行动。

（四）检验期

1. 实践检验

问题解决之后，必须经过实践的检验和验证。这是发现错误、修正错误的阶段。能源、电力等领域的关键信息，基础设施作为现代经济社会运行的神经中枢，是可能遭到网络攻击的重点目标，一旦被攻破，可能引发电力瘫痪、交通中断、金融紊乱，具有极大破坏性和杀伤力。加强电力系统网络安全防护迫在眉睫。国家能源局南方监管局主办的 2017 年海南电力系统网络安全攻防演练在海口举行，当天的演练活动中，海南电网公司组建红蓝两队担任攻防双方，模拟了 95598 网上营业厅遭到网络入侵、网络入侵导致 EMS 系统瘫痪等。这次演练有效检验了海南电力系统网络安全体系，提升企业的网络安全防护实战经验和应急处置水平。

2. 延伸用途

对新产品的开发还可从用途、品牌、市场等多方面考虑延伸开发。苹果是个很典型的案例，苹果品牌的核心竞争力是创新、美丽的设计、以及提供温暖与热情给那些对科技有恐惧感，却生活在想存活就必须懂计算机的人。苹果是创新品牌的代表。过去苹果是计算机软硬件制造商，但是苹果超越计算机领域，并持续创新成为数字媒体制造商——MP3、屏幕触控手机、无线中继站、媒体储存及流行设计、在线储存与下载服务都是它现在的业务内容。从计算机进入手机（iPhone）这一段的品牌移转，或许苹果并没有做得很成功，但它从音乐播放市场（iPod），建立随身携带与音乐新的品牌联想，再延伸到 iPhone 的成果却是惊人的。这个成果延伸成功关键正是惊人的科技成就，超酷感，友善使用设计，时髦美感使它充满魅力。

二、创新意识概念

创新意识是人们对创新的价值性、重要性的一种认识水平、认识程度，以及由此形成的对待创新的态度。创新意识，是创造力的源头活水，要培养具有创新精神的人，必先培养其创新意识。

任何伟大的创造发明，都源于创新意识。只有具有创新意识的人，才会去观察生活、反复思考生活中引人注意的问题，并设法解决生活中的各种疑难问题，从而产生强烈的要创造、要发明的愿望。创新意识比创造力更重要，若把创造力比作钞票，那创新意识应该就是验钞机了，它是创造力的源头活水。

创新意识是一种独特的思维方式，能引发创造性成果，它是人类智慧的核心。人类社会的进步，文明程度的提高，制度的不断完善，都离不开创新意识这个核心。改革开放以来，我国经济迅猛发展，有许多事业成功的人士都受益于创新意识，创新意识改变了不少人的人生道路，这是有目共睹的事实。

三、激发创新意识

（一）创新思维与联想

联想越广阔、越丰富，创造力就越强。我们应该想方设法地诱导同学们从生活的各个方面去联想。第二次世界大战期间，法国将军亚里亚安去探望伤兵，当他得知其中一位轻伤员是炊事员，在弹片横飞时，炊事员把大铁锅扣在头上才幸免于难，而他的同伴们都被炸死了，由此联想到做铁头盔，并付之研制，使得铁头盔风行于世。克隆技术制造了"多利"羊之后，一玩具商立即采取"拿来主义"，将此技术用于复制玩具娃娃。只要一张照片和写有年龄、性别、性格的文字材料，便可收到和自己一样的玩具娃娃了。这一联想，使他顷刻腰缠万贯。瓦特从开水冲开了壶盖而产生联想，因而发明了蒸汽机，这是联想和灵感的交融，是联想诱发了灵感，而灵感如一枚钥匙启开了潜能的智慧之门。

（二）创新思维与潜能

我们常常有这样的经历，被一个问题困住，绞尽脑汁，不得其解，只好搁置。但后来，受到某种启发，问题迎刃而解，这便是潜能在发挥作用。潜能实际上是日常生活经验和书本知识的积累，也是长期探索、研究、思考过程中经验的储藏。潜能是一座蕴藏了无数知识和智慧的宝库，一旦有适当的条件，打开了这座宝库，就会有惊人的奇迹出现。

潜能是相对显能而言的。显能就是我们平常所能发挥出来的才能和智慧，而潜能在一般情况下展示不出来，只有在某种情况下、条件成熟时，才能大放异彩。有研究表明，通常情况下，我们每个人能发挥出来的显能只占20%，80%的潜能被埋没。

某公安局在考核刑侦人员时，出了一道题：给每个应考者发一大串钥匙，令其在限定的时间内去打开一扇指定的房门。结果，绝大部分考生都拿着钥匙，一片又一片地去试开房间，都没有结果，因为他们都没跳出"钥匙开门"的思维方式。只有其中一位，飞起一脚，踢开了房门。他经过分析，运用了逆向思维，因为在那么短的时间内不可能试完大串的钥匙。这是考验分析、判断的能力，他们必须具有敏捷、果断、无畏的品质。

（三）创新思维与想象力

创新意识来源于人们丰富的想象力。所谓想象力，就是以客观信息为基础，在大脑中塑造出一种超越现实景象的思维能力。想象力反映出当事人的向往、追求或现实生活的需要，运用想象思维，经过努力达到心理目标，这体现了人们立足于现实，又不满足于现实的心理追求和对美的渴望。

想象力的实质，是沉积在大脑深处的信息和知识被激活，被调动起来，重新进行排列组合，得到一种超越现实的结果，想象力能使生活中原本没有的事物变为事实。创造学之父奥斯本说："想象力是人类能力的试金石，人们正是依靠想象力征服世界。"

想象力不是与生俱来的，而是后天开拓的。我们完全可以通过培养而获得想象的能力。关键是要进行想象力的训练，才能培养和保持想象力的丰富。生活中任何事物、情景都能成为训练想象力的内容，比如浮云、青草、游鱼、顽石等通过想象都会变得纷繁无穷、绚丽多彩。古代人们曾想象的人在空中飞行，嫦娥奔月，深海龙宫……现在都已变为现实，于是我们就有了飞机、潜艇、宇宙飞船……丰富的想象力，结合联想、模仿、创新，可不断地推进人类的进步和文明。

德国数学家高斯小时候，他的老师在课堂上出了一道数学题："从1到100的数依次相加，和是多少？"别的同学一个劲地计算加法，而高斯则静静地独立思考，他从排列有序的数字上发现了规律：即首尾两个数依次相加其和相同。如：1、2、3、…、98、99、100，于是他很快算出了答案：$101×50=5050$。高斯摒弃了烦琐的演算，利用数字的组合，找到了最快捷的计算方法，这是典型的创新思维。如果他没有改变旧算法的意愿，也就是没有创新意识，他也不会获得成功，而会像其他小朋友一样认真地重复前人的计算方法，足见创新意识比创新力更重要。

第三节 创新能力的培养

任务目标

创新思维的养成既有赖于理论思维的培养和合理知识结构的建立，又要注意在实践中持续不断地培养独立思考问题的能力和创造能力。通过学习，使学生了解创新思维的形式及典型创新思维方法，理解创新思维形式的基本特征，掌握创新思维的方法，能够初步运用典型创新思维方法去解决学习和生活的现实问题。

一、案例导入

从大学时代的创新思维到世界 500 强——联邦快递创业之路

联邦快递（Federal Express）公司成立于 1973 年，全球总部设在美国田纳西州的孟菲斯，另在中国的香港，加拿大的安大略、多伦多和比利时的布鲁塞尔设有区域总部。服务范围遍及世界 210 多个国家和地区，日平均处理的货件量多达 330 万份。联邦快递以其无可比拟的航空路线权以及完善的信息技术基础设施，在小件包裹速递、普通递送、非整车运输、集成化调运系统等领域占据了较大的市场份额，并成为世界 500 强企业。

联邦快递公司的创立者、总裁弗雷德·史密斯于 20 世纪 60 年代在耶鲁大学读书，他撰写过一篇论文，提出一个超越传统上通过轮船和定期的客运航班运送包裹的方式，建立一个纯粹的货运航班，用以从事全国范围内的包裹邮递的设想。这是一个开创性的设想。弗雷德在论文中提出，在小件包裹运输上采纳"轴心概念"理念，毕业后弗雷德在可行性研究的基础上，建立了联邦快递公司。

实践证明，弗雷德的"轴心概念"的确能为小件包裹运输提供独一无二的、辐射状配送系统。弗雷德的出奇之处不仅在于小件包裹运输采纳"轴心概念"的营销模式的创新，更在于他能够把人们忽略的时间运用起来，把本来是低谷的时段变成一种生意的高峰期。田纳西州的孟菲斯之所以被选择作为公司的运输中央轴心所在地，首先，孟菲斯坐落在美国中部地区，为联邦快邦快递公司提供了一个不拥挤、快速畅通的机场。其次，孟菲斯气候条件优越，机场很少关闭。正是由于摆脱了气候对于飞行的限制，联邦快递的竞争潜力大。此外，联邦快递相信："中央轴心"系统也有助于减少运输上的误导或延误，可以为全国以及后来为全世界客户提供了方便、快捷、准时、可靠的服务，创新的营销模式为其提供了低成本、高效、安全和全天候的物流系统，因而联邦快递迅速发展，从创业到成长为世界 500 强企业只用了短短 20 多年的时间。

二、掌握创新思维形式的方法

创新思维的形式

（一）发散式思维与收敛式思维

发散式思维是指从同一探索对象出发，思维向不同方向发散，充分发挥人的想象力，通过知识观念的重新组合，找出更多更新的可能的答案、设想或解决办法。

收敛式思维是指以某个思考对象为中心，从不同的方向和不同的角度将思维指向这个中心，以达到解决问题的目的。

发散式思维与收敛式思维相互协同、交替运用的过程，就是创造性思维得以发挥的过程。

发散式思维要以收敛式思维为基础，收敛式思维要以发散式思维为导向，发散的结果还要由收敛式思维去加工整理。任何一个创造活动的全过程，都要经过从发散式思维到收敛式思维，再从收敛式思维到发散式思维的多次循环，直到解决问题。

1983 年，一位在美国学习的法学博士生普洛罗夫在做毕业论文时发现，50 年来美国纽约里士满区一所穷人学校——圣·贝纳特学院毕业的学生犯罪记录最少。

普洛罗夫花了近6年的时间进行调查，问题是："圣·贝纳特学院教会了你什么？"共收到3756份回函。有74%的人回答，他们在学校里知道了一支铅笔是有多少种用途，入学的第一篇作文就是这个题目。

起初学生都知道铅笔只有一种用途——写字。

后来都知道了铅笔不仅能用来写字；必要的时候还能用来替代尺子画线；还能作为礼品送朋友表示友爱；能当商品出售获得利润；铅笔的芯磨成粉后可以做润滑粉；演出的时候可以临时用来化妆；削下的木屑可以做成装饰画；一支铅笔按照相等的比例锯成若干份，可以做成一副象棋；可以当作玩具的轮子；在野外缺水的时候，铅笔抽掉芯还能当作吸管喝石缝中的水；在遇到坏人时，削尖的铅笔还能作为自卫的武器……

圣·贝纳特学院让这些穷人的孩子明白，有着眼睛、鼻子、耳朵、大脑和手脚的人更是有无数种用途，并且任何一种用途都足以使他们成功。

（二）形象思维

形象思维是指在形象地反映客体的具体形状或姿态的感性认识基础上，通过意象、联想和想象来揭示对象的本质及其规律的思维形式。形象思维具有可感性、形象概括性的特征。

一次一位不知相对论为何物的年轻人向爱因斯坦请教。相对论是爱因斯坦创立的既高深又抽象的物理理论，要在几分钟内让一个门外汉弄懂什么是相对论，简直比登天还难。然而爱因斯坦却用十分简洁、形象的话语对深奥的相对论做出了解释："比方说，你同最亲爱的人在一起聊天，一个钟头过去了，你只觉得过了五分钟；可如果让你一个人在大热天孤单地坐在炽热的火炉旁，五分钟就好像过了一个小时。这就是相对论！"（见图2-1）。

图2-1 爱因斯坦

（三）直觉思维与灵感思维

直觉思维是指不受某种固定的逻辑规则约束而直接领悟事物本质的一种思维形式。直觉思维具有非逻辑性或直接性、突发性、自发性或突然性等特征。

灵感思维是指在积累大量经验的基础上，人的大脑对客观事物内在本质、规律的常规思维过程中突然发生的飞跃和质变，它使人以一种豁然开朗的方式获得新形象、新概念或新思想。

直觉与灵感思维都具有突发性、跳跃性的特点，二者的不同之处在于灵感是长期思考的问题得不到解决而突然获得解决的一种思维状态。直觉则是早已获得的知识、经验基础上，凭借思维者的"感觉"，对积淀在自己头脑中的信息进行尝试性的组合，直观地把握事物本质和规律性的心理状态。

（四）逆向思维

逆向思维也称为求异思维，是指让思维向对立面的方向发展，从问题的相反面深入地进行探索，树立新思想、创立新形象。人们习惯于沿着事物发展的正方向去思考问题并寻求解决办法。其实，对于某些问题，尤其是一些特殊的问题，从结论往回推，倒过来思考，从求解回到已知条件，反过去想，或许会使问题简单化。因此，逆向思维也具有逆向性、超常性、新颖性的特征。

美国汽车大王福特一世在街上散步，偶然间看到肉铺仓库里的几个工人顺次分别切牛的里脊肉、胸肉、头肉，他的脑海里马上浮现出与此相反的过程：工人顺次分别装上汽车的种种零部件。

这就是用流水线组装汽车的方法，它和以前让每一个工人自始至终地装配一辆汽车的方法相比，由于每个工人只负责其中的一小部分，操作简单、容易熟练，因而工人的劳动效率大大提高，而且很少出差错。这使福特公司在汽车制造商中脱颖而出，奠定了福特在汽车行业中的地位。后来，其他汽车厂、行业纷纷仿效福特公司的这一方法，至今流水线作业仍是现代化生产管理的一个有力手段。

（五）综合思维

综合思维是指全面地、客观地、辩证地考虑问题的思维方式。强调进行全面、细致、多角度地观察、分析，并将由各个角度考虑后得出的结论加以融合、提炼，从而形成一个充分的、考虑周全的结论、观点。

三、创新思维的培养方法

（1）知识是产生创新思维的必要前提。

创新是建立在广博的知识基础之上的。科幻小说中有许多相当新颖的创新思想，但限于科技知识水平，许多想法在短时期内无法实现。

科学的创新来不得半点虚假，没有任何捷径可走。知识基础是对前人智慧成果的集成，是形成创造力的必要条件，离开了扎实宽阔的知识基础，就不可能顺利开展创新活动。现代社会的发展要求我们不能只拥有单一的学科知识，而是必须拥有跨学科的知识结构。只有如此，才能以多种角度去分析问题、解决问题，也更加容易形成新思维。牛顿有句名言："我之所以看得更远，因为我站在巨人的肩膀上。"巨人的肩膀就是前人知识的积淀，所以培养创新思维的第一步，就是要做好知识的积累。

（2）实践经验是培养创新思维的根本基础。

"创新源于实践"。思维是在实践基础上的分析综合，然后做出判断推理的过程，创新思维也离不开实践活动。从伽利略在比萨斜塔上做的"两个铁球同时落地"的著名重力实验到牛顿的"万有引力"，再到爱因斯坦的"相对论"，我们可以看到知识是在理论与实践交汇过程中的不断创新发展。我们在工作、学习、生活中，应当注重观察细节，积累实践经验，为创新思维打下坚实的基础。

（3）多种思维形式是创新思维的基本方法。

对一个问题的思考，不能只从一个角度入手，要力争从新角度去观察思考以求获得更多的新认识，提出更多解决问题的新方法。当我们不能直接解题时，可以尝试运用多种思维方法，从不同的方向提出解决问题的方法。

第四节　创　新　案　例

大英图书馆搬迁案例

相传，大英图书老馆年久失修，在新的地方建立了一个新的图书馆，新馆建成后，要把老馆的书搬到新馆去。这本来是一个搬家公司的事，没什么好策划的，把书装上车、拉走、摆放到新馆即可。问题是预算需要350万英镑，但图书馆里却没有那么多钱。眼看雨季就要到了，不马上搬家，这损失就大了，怎么办呢？

正当馆长苦恼的时候，一个馆员问馆长苦恼什么？馆长把这个情况给馆员介绍了一下。几天之后，馆员找到馆长，告诉馆长他有一个解决方案，不过仍然需要150万英镑。馆长听后十分高兴，因为图书馆有能力支付这些费用。"快说出来！"馆长很着急。馆员说："好主意也是商品，我有一个条件。""什么条件？"馆长更着急了。"如果把150万都花尽了，那权当我给图书馆做贡献了；如果有剩余，图书馆把剩余的钱给我。""那有什么问题？350万我都认可了，150万以内剩余的钱给你，我马上就能做主！"馆长坚定地说。"那咱们签个合同？"馆员意识到发财的机会到了。合同签订了，不久就实施了馆员的搬家方案。花150万？连零头都没有用完，就把图书馆给搬完了。原来，图书馆在报纸上发出了一条惊人的消息：从即日起，大英图书馆免费、无限量向市民借阅图书，条件是从老馆借出，还到新馆……。

启示： 创造性思维的一个表现是，敢于打破常规，进行逆向思维。生活中，很多时候我们进行习惯于自始至终地用一种思想去观察和解决问题。结果自己给自己设置了一个"桎梏"，逐渐形成一种思维定式，从而阻碍了我们前进的步伐。其实，有时成功距离我们并不遥远，只需要我们反过来想一想。

拓展阅读

飞　机　扫　雪

美国的西北公司负责美国西北地区的输配电业务。该地区有一条输电线路很长，而且大都在交通极为不便的山里。线路采用的是架空线杆式裸线。每年冬季，该地区都会频繁地降雪，而且经常是大雪甚至暴雪。雪落在电线上，在雪停太阳出来后，电线上的积雪开始融化，并顺着电线流淌，向两根线杆之间电线的中部汇集。由于该地区冬天气温很低，融化的雪很快又在电线上冻成冰。几场雪下来，电线上就会积聚很多冰块，而且大多集中在两根线杆的中间部位，沉重的冰块造成电线被压得严重下坠，经常发生电线不堪重负而断掉的现象，由此造成该地区电力供应中断，不仅当地用电居民或企业无法取暖，也造成工业生产停顿，经济损失巨大。为此，公司面临巨大的压力。而此前的解决方案就是不停地抢修，不仅耗费了大量的人力、物力，而且耗费时间，甚至发生过工人命丧深山的事情。

为了彻底解决这个问题，公司组成一个决策小组，成员包括公司各阶层、各部门的员工代表。公司 CEO 要求大家可以思维不受任何限制地提出自己的解决方案，哪怕再可笑，都不会被责怪。同时提出，在大家提建议的时候，任何人不可以对任何建议进行评论或批评，但是可以在他人启发下，提出自己更好的思路或办法。于是大家开始思索，并不断提出各种方案。大家提出的方案如下：

组织一支队伍，在下雪的时候进山，用长把扫帚清理积雪；

改造线路，增加线阻，依靠电线发热融化积雪与积冰；

把电线埋入地下，在电线上进行涂层处理，让雪、冰无法附着；

甚至有人提出在飞机下面挂一把大大的扫帚扫雪……

通过决策人员的讨论，在财务和时间要求的限制下，大家普遍把注意力集中在了"在飞机下面挂一把大大的扫帚扫雪"这个"可笑"的方案上。该方案经过决策小组的讨论，最后决定租赁两架直升机进行试验。试验报告表明：在线路上方 10 米左右的高度，飞机以 80～100 千米/时的速度飞行，完全可以雪停 2 小时内完成积雪清除工作，且每个降雪季节的费用估计在 50 万～100 万美元之间（视降雪量与次数决定）。

看着这份报告，CEO 非常满意，认为看来"稀奇古怪"的主意加以合理化，效果却非常棒。方案被迅速实施了，从此以后这片山区的线路再也没有因积雪积冰而发生过中断事件。

 思考题

（1）简述创新思维的形式。

（2）以小组为单位，结合自身体会，谈谈创新思维如何养成。

第三章 创 新 方 法

🧠 任务目标

本模块将对头脑风暴法、5W2H 法、TRLZ 理论、六顶思考帽法、分析列举法等创新方法应用进行系统介绍。通过本模块的学习，使学生掌握各种创新方法成功的关键和具体的操作程序。

📖 案例导入

盖莫里公司是法国一家拥有 300 人的中小型私人企业，这一企业生产的电器有许多厂家和它竞争。该企业的销售负责人参加了一个关于发挥员工创造力的会议后大受启发，开始在自已公司谋划成立一个创新小组，在冲破了来自公司内部的层层阻挠后，他把整个小组（约 10 人）安排到了位于乡村的小旅馆里。在以后的三天中，小组中每个人都采取了一些措施，以避免外部的电话或其他干扰。

第一天全部用来训练，通过各种训练，组内人员开始相互认识，他们相互之间的关系逐渐融洽，开始还有人感到惊讶，但他们很快都进入了角色。

第二天，他们开始创造力训练，涉及智力激励法以及其他方法。他们要解决的问题有两个，在解决了第一个问题——发明一种拥有其他产品没有的新功能电器后，他们开始解决第二个问题——为此新产品命名。

第三天一开始，主管便让大家根据记忆，默写出昨天大家提出的名字。在 300 多个名字中，大家记住 20 多个。然后主管又在这 20 多个名字中筛选出了三个大家认为比较可行的名字，再就这些名字征求顾客意见，最终确定了一个。

结果，新产品一上市，便因为其新颖的功能和朗朗上口、让人回味的名字，受到了顾客热烈的欢迎，迅速占领了大部分市场，在竞争中击败了对手。

该公司的销售经理采取了什么方法来激发员工的创意？

如果你是该公司的销售经理，你会用什么方法来解决案例中的问题？

第一节 创新方法的概念

创新方法是人们通过研究有关创造发明的心理过程，是在创造发明、科学研究或创造性解决问题的实践活动中总结、提炼出的有效方法和程序的总称，是人类对创新规律基本认识的成果总结，是提高再创新能力与创新成功率的有效工具。

创新方法是科学思维、科学方法和科学工具的总称。

科学思维是一切科学研究和技术发展的起点，始终贯穿于科学研究和技术发展的全过程，是科学技术取得突破性、革命性进展的先决条件。

科学方法是人们进行创新活动的创新思维、创新规律和创新机理，是实现科学技术跨越式发展和提高自主创新能力的重要基础。

科学工具是开展科学研究和实现创新的必要手段和媒介，是最重要的科技资源。

创新方法既包含实现技术创新的方法，也包含实现管理创新的方法。

第二节 常用的创新方法

一、头脑风暴法

（一）头脑风暴法的由来

20 世纪 30 年代的一天，20 岁的穷困潦倒的美国青年奥斯本怀揣一篇论文，来到一家广告公司应聘。公司老板一看，论文中用词不当的地方比比皆是，实在看不到熟练的写作技巧。老板把论文给各部门经理传阅，没有一个部门经理愿意聘用奥斯本。

但老板还是决定试用奥斯本 3 个月，因为他从论文中，看到了许多创造性火花。试用期内，奥斯本每天提出一项革新建议，其中不少在公司中发挥了重大作用。

1938 年，奥斯本已是纽约 BBDD 广告公司的副经理，这一年，他首次提出了一种激发创造性思维的方法——头脑风暴法，头脑风暴法奠定了创新学的基础，奥斯本被人们尊称为创新学之父。

1941 年，奥斯本出版《思考的方法》，此书被誉为创新学的奠基之作。

1958 年，奥斯本出版《创造性想象》，发行了 1.2 亿册，曾一度超过《圣经》的销量。

想象力是人类能力的试金石，人类正是依靠想象力征服世界的。

——亚力克斯·奥斯本

（二）头脑风暴法简介

头脑风暴法又称脑力激荡法、智力激励法、BS 法，是由美国创造学家亚力克斯·奥斯本于 1939 年首次提出，1953 年正式发表的一种激发性思维的方法，目的是通过找到新的和异想天开的方法来解决问题。

它通常采用专家小组会议的形式进行，与会者自由思考、畅所欲言、互相启发，从而引起思想互振，产生组合效应，激发更多的创造性思维，获得创新的设想。

头脑风暴法又可分为直接头脑风暴法（头脑风暴法）和质疑头脑风暴法（也称反头脑风暴法）。前者是在专家群体决策时尽可能激发创造性，产生尽可能多的设想的方法，后者则是对前者提出的设想、方案逐一质疑，分析其现实可行性的方法。

头脑风暴法是一种通过会议的形成，让所有参加者在自由愉快、畅所欲言的气氛中，

自由交换想法或点子，对一个问题进行有意或无意的争论辩解的一种民主议事方法。

头脑风暴法适合于解决那些比较简单、严格确定的问题，比如研究产品名称、广告口号、销售方法、产品的多样化研究等，以及需要大量的构思、创意的行业，如广告业。

（三）头脑风暴法的具体操作

1. 头脑风暴法要遵循的原则

头脑风暴法有两条基本原则：一条原则是推迟判断，即不要过早地下断言、做结论，避免束缚人的想象能力，熄灭创造性思想的火花。第二条原则是"数量提供质量"，人们越是提出更多的设想，就越有可能走上解决问题的轨道。

运用头脑风暴法进行决策或预测时必须遵循这样一些规则：

（1）讨论的问题不宜太小，不得附加各种约束条件。

（2）强调提新奇设想，越新奇越好。

（3）提出的设想越多越好。

（4）鼓励结合他人的设想提出新设想。

（5）不允许私下交谈。

（6）与会者不分职务高低，一律平等相待。

（7）不允许对提出的创造性设想作判断性结论。

（8）不允许批评或指责别人的设想。

（9）不得以集体或权威意见的方式妨碍他人提出设想。

（10）提出的设想不分好坏，一律记录下来。

会计结束后，将提出的设想方案分析整理，分别进行严格的审查和评价，从中筛选出有价值的决策方案。

2. 头脑风暴法的操作内容

会前准备。参与者、主持人和课题任务三落实，必要时可进行柔性训练。

组织形式。参加人数一般为 5～10 人（课堂教学也可以班为单位），最好由不同专业或不同岗位者组成；会议时间控制在 1 小时左右；设主持人 1 名，主持人只主持会议，对设想不做评论；设记录员 1～2 人，要求认真将与会者的每一设想不论好坏都完整地记录下来。

明确主题。将会议主题提前通报给与会者，让与会者有一定的准备。

实施要点。由主持人公布会议主题并介绍与主题相关的参考情况；突破思维惯性，大胆进行联想；主持人控制好时间，力争在有限的时间内获得尽可能多的创意性设想。主持人要熟悉并掌握该技法的要点和操作要素，摸清主题现状和发展趋势。参与者要有一定的训练基础，懂得该会议提倡的原则和方法。

具体实施。在典型的头脑风暴会议中，一些人围桌而坐，由十个左右有关专家参加，设一名记录员。主持人以一种明确的方式向所有参与者阐明问题，然后成员在一定时间内"自由"地提出尽可能多的方案，不允许任何批评，并且所有的方案都当场记录下来，留待稍后再讨论和分析。要求主持人应该对要解决的问题十分了解，并头脑清晰、思路敏捷、作风民主，既善于造成活跃的气氛，又善于启发诱导。其他人当中最好有几名知识面广、思想活跃的，以防止会议气氛沉闷。会议时间一般不超过一小时。另外，布置会场要考虑到光线、噪声、室温等因素，做到环境适宜，给人以轻松舒适的感觉。

实施步骤。确认要讨论的主题；准备会场；组织人员；宣布主题；头脑风暴；整理构思找到关键；会后评价。

二、六顶思考帽法

（一）六顶思考帽法的由来

爱德华·德·博诺博士被誉为 20 世纪改变人类思考方式的领导者，是创造性思维领域和思维训练领域举世公认的权威，被尊为"创新思维之父"。

爱德华·德·博诺博士第一次把创造性思维的研究建立在科学的基础上，是思维训练领域的国际权威。欧洲创新协会将他列为人类历史上贡献最大的 250 人之一。他在世界企业界拥有广泛影响。

德·博诺的代表作《六顶思考帽》和《平行思考法》被译成 37 种语言、行销 54 个国家，在这些国家的企业界、教育界和政界得到了广泛的推广和肯定。长期以来，德·博诺思维作为政府、企业和个人生活的决策指南，一直被公认是最有效的创新思维训练工具，国际思维大会鉴于德·博诺对人类思维的杰出贡献而授予他"先驱者"的称号。

（二）六顶思考帽法简介

六顶思考帽法是英国学者爱德华·德·博诺博士开发的一种思维训练模式。该办法利用白、黄、黑、红、绿、蓝 6 种颜色代表不同的思维角色，帮助人们在分析问题的过程中通过变换思维角色进行创新。运用此方法，人们在思考问题时，可有效区分感性认识与理性认识，使思维变得清晰，并针对目标问题进行全方位剖析。

1. 六顶思考帽的颜色和含义

六顶思考帽是指使用六种不同颜色的帽子代表六种不同的思维模式。任何人都有能力使用这六种基本思维模式。

白色。代表客观、中立。白色是中立而客观的。戴上白色思考帽，人们思考的是关注客观的事实和数据。

黄色。代表积极、正面。黄色代表价值与肯定。戴上黄色思考帽，人们从正面考虑问题，表达乐观的、满怀希望的、建设性的观点。

黑色。代表谨慎、负面。戴上黑色思考帽，人们可以运用否定、怀疑、质疑的看法，合乎逻辑地进行批判，尽情发表负面的意见，找出逻辑上的错误。

蓝色。代表冷静、归纳。蓝色思考帽负责控制和调节思维过程。它负责控制各种思考帽的使用顺序，规划和管理整个思考过程并负责做出结论。

红色。代表直觉、情感。红色是情感的色彩。戴上红色思考帽，人们可以表现自己的情绪，还可以表达直觉、感受、预感等方面的看法。

绿色。代表创意、巧思。绿色代表茵茵芳草，象征勃勃生机。绿色思考帽寓意创造力和想象力。它具有创造性思考、头脑风暴、求异思维等功能。

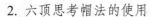

2. 六项思考帽法的使用

六项思考帽法是一种思维训练模式，或者说是一个全面思考问题的模型。六项思考帽法提供了"平等思维"的工具，避免将时间浪费在互相争执上。六项思考帽法强调的是"能够成为什么"，而非"本身是什么"，是寻求一条向前发展的路，而不是争论谁对谁错。运用德·博诺的六项思考帽法，将会使混乱的思考变得更加清晰，使团体中无意义的争论变成集思广益的创造，使每个人变得富有创造性。

对六项思考帽法理解的最大误区就是仅仅把思维分成六个不同颜色，但其实对六项思考帽法的应用关键在于使用者用何种方式去排列帽子的顺序，也就是组织思考的流程。只有掌握了如何编织思考的流程，才能说是真正掌握了六项思考帽法的应用方法，不然往往会让人们感觉这个工具并不实用。

个人应用：假设一个人需要考虑某一个任务计划，那么他有两种状况是最不愿面对的，一个是头脑之中的空白，他不知道从何开始；另一个是他头脑的混乱，过多的想法交织在一起造成的淤塞。六项思考帽法可以帮助他设计一个思考提纲，按照一定的次序思考下去。就这个思考工具的实践而言，它会让大多数人感到头脑更加清晰、思维更加敏捷。

团队应用：最大的应用情境是会议。这里特别是指讨论性质的会议，因为这类会议是真正的思维和观点的碰撞、对接的平台，而我们在这类会议中难以达成一致，往往不是因为某些外在的技巧不足，而是根本上对他人观点的不认同造成的。在这种情况下，六项思考帽法就成为特别有效的沟通框架。所有人要在蓝帽的指引下按照框架的体系组织思考和发言，不仅可以有效避免冲突，而且可以就一个话题讨论得更加充分和透彻。所以会议应用中的六项思考帽不仅可以缩短会议时间，也可以增强讨论的深度。

（三）六项思考帽法的具体操作

1. 六项思考帽法操作的具体内容

明确要沟通的目的。在这个过程中要了解沟通的对象以及沟通对象的问题：是要帮助他解决一个问题还是想建议他采取一个行动，或是要在销售中完成成交的动作……也就是说，有一个问题界定的过程。

建立六帽序列。根据目的及最终要达到的结果来设计六帽序列。换句话说，一切以结果为导向，六帽设计好坏的前提是对六帽中的每一帽有一个深刻的认知。

六帽序列之问题转化。将对六帽的认知通过问题很自然地流露出来，而且最好是能让对方感觉不到你在使用技巧。六帽只是告诉了一个思维方向，提什么样的问题、该如何提则全看个人的转化能力。

开始使用，有效倾听。当熟悉了以上步骤之后，就可以使用该方法了。在这里还可以采用一些在沟通中建立信赖感的技巧，如有效倾听、适度赞美和肯定。通过这些方法的使用，你将获得极大的信息量，同样你也会感受到无限的乐趣和成就感。

纠偏，深度沟通。在发问过程中，你要的答案他未必能完整地给出，所以沟通要以结果为导向，通过重复发问来达到纠偏的目的。只有通过不断地提问与纠偏，沟通的目的才越容易达成。

2. 六顶思考帽法的应用步骤

陈述问题（白帽）。运用"白色思考帽"来思考、搜集各环节的信息，收取各个部门存在的问题，找到基础数据。

提出解决问题的方案（绿帽）。用创新的思维来考虑这些问题，不是一个人思考，而是各层次管理人员都用创新的思维去思考，提出各自解决问题的办法、建议、措施。也许这些方法不对甚至无法得以实施，但运用创新的思考方式就是要跳出一般的思考模式。

评估该方案的优点（黄帽）。列举该方案的缺点（黑帽）。对所有的想法从"光明面"和"良性面"进行逐个分析，对每一种想法的危险性和隐患进行分析，找出最佳切合点。"黄色思考帽"和"黑色思考帽"这两种思考方法，就好像孟子的性善论和性恶论，都能进行否决或肯定。

对该方案进行直觉判断（红帽）。从经验、直觉上，对已经过滤的问题进行分析、筛选，做出决定。

总结陈述，做出决策（蓝帽）。在思考的过程中，随时运用"蓝色思考帽"对思考的顺序进行调整和控制，甚至有时还要"刹车"。因为，观点可能是正确的，也可能会进入死胡同。所以，在整个思考过程中，应随时调换思考帽，进行不同角度的分析和讨论。

三、奥斯本检核表法

（一）奥斯本检核表法简介

所谓的检核表法是根据需要研究的对象之特点列出有关问题，形成检核表，然后一个一个地来核对讨论，从而发掘出解决问题的大量设想。它引导人们根据检核项目的一条条思路来求解问题，以利求比较周密的思考。

奥斯本检核表是针对某种特定要求制定的检核表，主要用于新产品的研制开发。奥斯本检核表法是指以该技法的发明者奥斯本命名、引导主体在创造过程中对照 9 个方面的问题进行思考，以便启迪思路，开拓思维想象的空间，促进人们产生新设想、新方案的方法。9 个大问题包括：能否他用、能否借用、能否改变、能否扩大、能否缩小、能否替代、能否调整、能否颠倒和能否组合。

奥斯本检核表法是一种产生创意的方法。在众多的创造技法中，这种方法是一种效果比较理想的技法。由于它突出的是效果，所以被誉为"创造之母"。

奥斯本检核表法是一种具有较强启发创新思维的方法。这是因为它强制人去思考，有利于突破一些人不愿提问题或不善于提问题的心理障碍。另外核检思考提供了创新活动最基本的思路，可以使创新者尽快集中精力，朝提示的目标方向去构想、去创造、创新。检核表法使人们突破了不愿提问或不善提问的心理障碍，在进行逐项检核时，强迫人们思维扩展，突破旧的思维框架，开拓了创新的思路，有利于提高发现创新的成功率。

奥斯本只是提示了思考的一般角度和思路，思路的发展，还要依赖人们的具体思考。运用此方法，还要结合改进对象（方案或产品）来进行思考。运用此方法，还可以自行设计大量的问题来提问。提出的问题越新颖，得到的主意越有创意。

奥斯本检核表法的优点很突出，它使思考问题的角度具体化了。它也有缺点，就是它是改进型的创意产生方法,你必须先选定一个有待改进的对象,然后在此基础上设法加以改进。它不是原创型的,但有时候,也能够产生原创型的创意。比如,把一个产品的原理引入另一个领域,就可能产生原创型的创意。

（二）奥斯本检核表法的具体操作

1. 奥斯本检核表法的9类问题

奥斯本检核表法属于横向思维,以直观、直接的方式激发思维活动,操作十分方便,效果也很好。奥斯本检核表法共有9类75个问题,这9类问题对于任何领域创造性地解决问题都是适用的,这75个问题不是奥斯本凭空想象的,而是他在研究和总结大量近、现代科学发现、发明、创造事例的基础上归纳出来的。

（1）能否他用。现有的东西（如发明、材料、方法等）有无其他用途?保持原状不变能否扩大用途?稍加改变,有无别的用途?

（2）能否借用。能否从别处得到启发?能否借用别处的经验或发明?外界有无相似的想法,能否借鉴?过去有无类似的东西,有什么东西可供模仿?谁的东西可供模仿?现有的发明能否引入其他的创造性设想之中?

（3）能否改变。现有的东西是否可以作某些改变?改变一下会怎么样?可否改变一下形状、颜色、音响、味道?是否可改变一下意义、型号、模具、运动形式?改变之后,效果又将如何?

（4）能否放大、扩大。现有的东西能否扩大使用范围?能不能增加一些东西?能否添加部件,拉长时间,增加长度,提高强度,延长使用寿命,提高价值,加快转速?

（5）能否缩小、省略。缩小一些怎么样?现在的东西能否缩小体积,减轻重量,降低高度,压缩、变薄?……能否省略,能否进一步细分?

（6）能否替代。可否由别的东西代替,由别人代替?用别的材料、零件代替,用别的方法、工艺代替,用别的能源代替?可否选取其他地点?

（7）能否调整。能否更换一下先后顺序?可否调换元件、部件?是否可用其他型号,可否改成另一种安排方式?原因与结果能否对换位置?能否变换一下日程?更换一下,会怎么样?

（8）能否颠倒。倒过来会怎么样?上下是否可以倒过来?左右、前后是否可以对换位置?里外可否倒换?正反是否可以倒换?可否用否定代替肯定?

（9）能否组合。组合起来怎么样?能否装配成一个系统?能否把目的进行组合?能否将各种想法进行综合?能否把各种部件进行组合?

应用奥斯本检核表是一种强制性思考过程,有利于突破不愿提问的心理障碍。很多时候,善于提问本身就是一种创造。

2. 奥斯本检核表法的实施步骤

奥斯本检核表法的核心是改进,通过变化来改进。其基本做法是:第一,选定一个要改进的产品或方案;第二,面对一个需要改进的产品或方案,或者面对一个问题,从下列角度提出一系列的问题,并由此产生大量的思路;第三,根据第二步提出的思路,进行筛选和进一步思考、完善。

具体实施步骤：

（1）根据创新对象明确需要解决的问题。

（2）根据需要解决的问题，参照表中列出的问题，运用丰富想象力，强制性地一个个核对讨论，写出新设想。

（3）对新设想进行筛选，将最有价值和创新性的设想筛选出来。

实施过程需注意的问题：

（1）要联系实际一条一条地进行核检，不要有遗漏。

（2）要多核检几遍，效果会更好，或许会更准确地选择出所需创新、发明的方面。

（3）在检核每项内容时，要尽可能地发挥自己的想象力和联想力，产生更多的创造性设想。进行检索思考时，可以将每大类问题作为一种单独的创新方法来运用。

（4）核检方式可根据需要，1 人核检也可以，3～8 人共同核检也可以。集体核检可以互相激励，产生头脑风暴，更有希望创新。

第三节 其 他 创 新 方 法

一、综摄法

（一）综摄法简介

综摄法是由美国麻省理工学院教授威廉·戈登于 1944 年提出的一种利用外部事物启发思考、开发创造潜力的方法。

综摄法又称类比思考法、类比创新法、提喻法、比拟法、分合法、举隅法、集思法、群辨法、强行结合法、科学创造法。

综摄法是指以外部事物或已有的发明成果为媒介，并将它们分成若干要素，对其中的元素进行讨论研究，综合利用激发出来的灵感，来发明新事物或解决问题的方法。

（二）综摄法的具体操作

1. 综摄法的思考原则

（1）异质同化。异质同化简单说来是指把看不习惯的事物当成早已习惯的熟悉事物。在发明没有成功前或问题没有解决前，他们对我们来说都是陌生的，异质同化就是要求我们在碰到一个完全陌生的事物或问题时，要用所具有的全部经验、知识来分析、比较，并根据这些结果，作出很容易处理或很老练的态势，然后再去用什么方法，才能达到这一目的。

（2）同质异化。所谓同质异化就是指对某些早已熟悉的事物，根据人们的需要，从新的角度或运用新知识进行观察和研究，以摆脱陈旧固定的看法的桎梏，产生出新的创造构想，即可把熟悉的事物化成陌生的事物看待。

2. 综摄法的 4 大模拟技巧

为了加强发挥创造力的潜能，使人们有意识地活用异质同化、同质异化两大原则，戈登提出了四种极具实践性、具体性的模拟技巧：

（1）人格性的模拟。这是一种感情移入式的思考方法。先假设自己变成该事物以后，再考虑自己会有什么感觉，又如何去行动，然后再寻找解决问题的方案。

（2）直接性的模拟。它是指以作为模拟的事物为范本，直接把研究对象范本联系起来进行思考，提出处理问题的方案。

（3）想象性的模拟。它是指充分利用人类的想象能力，通过童话、小说、幻想、谚语等来寻找灵感，以获取解决问题的方案。

（4）象征性的模拟。它是指把问题想象成物质性的，即非人格化的，然后借此激励脑力，开发创造潜力，以获取解决问题的方法。

3. 综摄法的操作步骤

（1）确定会议室和会议时间。

（2）确定参加人员约十名，参加者可以为不同专业的研究人员，但须是内行。

（3）指导员应具备使用本方法的一切常识及细节问题，如两大思考原则、四种模拟技巧、实施要点等。

（4）主持人向与会者介绍本方法的大意及实施概要以及 4 种模拟技巧、两大思考方式等。

（5）主持人先不公开议题，而介绍与研究课题有关的更广泛的资料，引导与会者进行讨论，启发他们的灵感。

（6）当讨论涉及到解决问题时，主持人再明确提出来，并要求参加者按两条原则和 4 种模拟法积极构思解决问题的方案。

（7）整理综合各种方案，寻找出最佳方案。

4. 综摄法实施中需注意的问题

（1）讨论时最好开始先不公布议题，到有人涉及时再提出来，以有利于与会者灵感的相互激发。

（2）这种方法不追求设想的数量，它在于设想的质量和可行性。

（3）人格性的模拟一般不易做到，因此必须集中精力。

（4）想象性和象征性的模拟方式这两种模拟的思考方针要从"问题在童话、科幻小说中，会变成什么样呢？"的疑问开始寻求答案，这样才能符合两大原则。

5. 综摄法的适用范围

综摄法的宗旨是以已有的事物为媒介，将它们分成若干元素，并将某些元素构成一个新的设想，来解决问题。因此它的最大用处在于利用其他产品取长补短，设计新产品，以及制定营销策略等方向。

二、分析列举法

列举法是一种借助对一具体事物的特定对象（如特点、优缺点等）从逻辑上进行分析并将其本质内容全面地一一地罗列出来的手段，再针对列出的项目一一提出改进的方法。列举法基本上有 4 种：属性列举法、希望点列举法、优点列举法和缺点列举法。另外，我们常听见的 SAMM 法、功能目标法等，都是列举法的延伸应用。

（一）属性列举法

属性列举法是于 1954 所提倡应用的思考策略。属性列举法是偏向物性、人性的特征来思考，主要强调于创造过程中观察和分析事物的属性，然后针对每一项属性提出可能改进的方法，或改变某些特质（如大小、形状、颜色等），使产品产生新的用途。

属性列举法的步骤是条列出事物的主要想法、装置、产品、系统或问题的重要部分的属性，然后改变或修改所有的属性列举法。其中，我们必须注意一点，不管多么不切实际，只要是能对目标的想法、装置、产品、系统或问题的重要部分提出可能的改进方案，都是可以接受的范围。

（二）希望点列举法

希望点列举法是偏向理想型设定的思考，是透过不断地提出"希望可以""怎样才能更好"等等的理想和愿望，使原本的问题能聚合成焦点，再针对这些理想和愿望提出达成的方法。希望点列举法的步骤是先决定主题，然后列举主题的希望点，再根据选出的希望点来考虑实现方法。

（三）优点列举法

这是一种逐一列出事物优点的方法，进而探求解决问题和改善对策。

优点列举法的基本步骤是：决定主题；列举主题的优点；选出所列举的优点；根据选出的优点来考虑如何让优点扩大。

（四）缺点列举法

缺点列举法是偏向改善现状型的思考，透过不断检讨事物的各种缺点及缺漏，再针对这些缺点一一提出解决问题和改善对策的方法。缺点列举法的步骤是先决定主题，然后列举主题的缺点，再根据选出的缺点来考虑改善方法。

三、5W2H 法

（一）5W2H 法简介

5W2H 分析法又叫七何分析法，是第二次世界大战中美国陆军兵器修理部首创，广泛用于企业管理和技术活动，对于决策和执行性的活动措施非常有帮助，也有助于弥补考虑问题的疏漏。其含义是 Why、What、Who、When、Where、How、How much。人们利用这 7 个问题进行设问，探寻创新思路，实现新的发明创造。在创新活动中使用 5W2H 法将问题的主要方面都列举出来，减少了思考问题时发生遗漏的现象，简单、方便，易于理解、使用，富有启发意义。

发明者在设计新产品时，常常提出：为什么（Why）；做什么（What）；何人做（Who）；何时（When）；何地（Where）；如何（How）；多少（How much）。这就构成了 5W2H 法的总框架。提出疑问对于发现问题和解决问题是极其重要的。创造力强的人，都具有善于提问题的能力，众所周知，提出一个好的问题，就意味着问题解决了一半。提问题的技巧高，可以发挥人的想象力。

在发明设计中，对问题不敏感，看不出毛病是与平时不善于提问有密切关系的。对一个问题追根刨底，有可能发现新的知识和新的疑问。所以从根本上说，学会发明首先要学会提问，善于提问。

（二）5W2H法的具体操作

5W2H法的应用程序大体如下：

1. 检查原产品的合理性

（1）为什么（Why）？为什么采用这个技术参数？为什么不能有响声？为什么停用？为什么变成红色？为什么要做成这个形状？为什么采用机器代替人力？为什么产品的制造要经过这么多环节？为什么非做不可？

（2）做什么（What）？条件是什么？哪一部分工作要做？目的是什么？重点是什么？与什么有关系？功能是什么？规范是什么？工作对象是什么？

（3）谁（Who）？谁来办最方便？谁会生产？谁可以办？谁是顾客？谁被忽略了？谁是决策人？谁会受益？

（4）何时（When）？何时要完成？何时安装？何时销售？何时是最佳营业时间？何时工作人员容易疲劳？何时产量最高？何时完成最为时宜？需要几天才算合理？

（5）何地（Where）？何地最适宜某物生长？何处生产最经济？从何处买？还有什么地方可以作销售点？安装在什么地方最合适？何地有资源？

（6）怎样（How to）？怎样做省力？怎样做最快？怎样做效率最高？怎样改进？怎样得到？怎样避免失败？怎样求发展？怎样增加销路？怎样达到效率？怎样才能使产品更加美观大方？怎样使产品用起来方便？

（7）多少（How much）？功能指标达到多少？销售多少？成本多少？输出功率多少？效率多高？尺寸多少？重量多少？

2. 找出主要优缺点

如果现行的做法或产品经过七个问题的审核已无懈可击，便可认为这一做法或产品可取。如果七个问题中有一个答复不能令人满意，则表示这方面有改进余地。如果哪方面的答复有独创的优点，则可以扩大产品在这方面的效用。

3. 决定设计新产品

克服原产品的缺点，扩大原产品独特优点的效用。

 模拟实训题

（1）运用奥斯本检核表法对水龙头进行改良设计。

（2）运用头脑风暴法为一家自创品牌服装设计品牌名称。

（3）运用希望点列举法罗列玻璃杯的改进方向，并提出改进方法。

第四章 创 新 发 明

通过本模块学习掌握创新、发明的概念、了解保护知识产权的方法。

第一节 什么是创新发明

发明创造和创新是两个词，发明和创新有什么本质的区别：

（1）创新是一个经济学范畴的概念，必须有收益。如果根据新的思想，生产出新的产品，虽然很新颖，若不能应用，没有收益，这可以说是发明创造，但不是严格意义上的创新。

（2）发明创造是一个绝对的概念，而创新则是相对的概念。例如，发明创造申请专利时，先要考虑自己是不是第一个做的，若别人已经做过，你就不可能再申请专利了。它在"首创"或"第一"问题上是绝对的。创新是一个相对的概念，它不必像申请专利那样要查清是不是"第一"或"首创"，是不是人家已经第一个做过了。创新有一个相对的范围，不必先考虑在部门、系统内过去有没有人做过，只应了解做的程度如何，我们做了以后有哪些进步，同时这个进步可以有收益，这就是创新。

（3）发明创造既有促进社会发展的积极发明创造，也有阻碍社会发展的消极"发明创造"；而创新必须是促进社会发展的积极创造。如计算机的发展是积极创造，而计算机算命、计算机病毒则是消极创造；核科学和技术的发展是积极创造，而核武器的发展则是消极创造；生物和化学科学的发展是积极创造，而生化武器、毒品提炼技术则是消极创造。但是，创新则不同，没有人会将伪科学或假冒伪劣称为技术创新。

（4）创造强调是第一次的首创，也可以是全盘否定后的全新创造；创新则更强调是永无止境的更新，它一般并不是对原有事物的全盘否定，而通常是在辨证的否定中螺旋上升。

将创新与发明创造区别开来，被认为是熊彼特的另一大贡献。熊彼特认为：只要发明还没有得到实际上的应用，那么经济上就是不起作用的。无论是科学发明还是技术发明，在发明未能转化为商品之前，发明只是一个新观念、新设想，在它们没有转化为新装置、新产品、新的工艺系统之前，不能创造任何经济价值。他还认为："作为企业家职能而要付诸实际的创新，也根本不一定必然是任何一种发明。"因此，可以说发明是创新的必要条件之一，但不是充分条件。对于源于科技发明的技术创新来说，发明仅是创新过程中的一个环节。换句话说，创新是人类创造活动的一种，其本质就是创造。创造在不同的领域有不同的习惯叫法，如科学领域的创造习惯称为"发明"或"发现"；体育竞赛中的创造习惯称为"破纪录"；文学艺术领域的创造习惯称为"创作"；技术领域中的创造习惯称为"革新"等等。

综上所述，创新与发明创造的概念，在一定意义上说有本质上的区别，但在"创新"（innovation）和"创造"（creation）字义解释和内涵的把握上又难以有严格的界定，学术界对此问题众说纷纭，难以取得一致的看法。

我们认为：无论是创新，还是发明创造所遇到的问题，对其加以解决的思维方法都是相同相通的。"创新与发明创造"的能力既源于天赋，更来自于后天的教育培养，来自于通过各种形式的启发和引导，包括从创新与发明创造思维方法、认知障碍及其克服，到创新的非认知调控和创造性人格特征分析等。总之，用一种新的方式、比较高的效率培养创新与发明创造型人才是我们希望达到的目的。

创新从今年的定义说，就是引进新事物造成变化，实际上引申一步，创新就是人们为了适应环境的变化，而采取新的举措。从这点意义上来说，根据达尔文的进化论，我们可以看到，最能够生存下的物种，并不一定是最优秀的物种，而是最能适应环境变化的物种，从这个意义上说，我们可以理解，为什么说创新是一个民族进步的灵魂，是国家兴旺发达的不竭动力，因为环境在不断的变化，我们要适应环境的变化，就必须不断地采取新的措施。什么是创新型国家呢？创新型国家是以创新为主要发展动力的国家，如果从这一点上来说，我们离创新型国家还有相当远的距离。衡量创新型国家不单是从经济实力和科技的发明数、专利数、发表的论文数来衡量，更主要的是看，是不是真正以创新作为国家的发展动力。从现实情况看，大概有这么几个数字，一个是我们现在技术对外依存度超过50%，说明一半以上的技术是靠引进，我们现在真正有自主知识产权的企业在全国只有万分之三左右，笔者到中关村调查，根据他们的汇报，即使在中关村这样一个我国高新技术比较集中的地方，拥有自主创新的企业也只有 3%，综合要素包括科技、教育管理，对我们经济发展的贡献率现在也只有30%左右，而在发达国家是在60%以上。从这几个数据来看，我们现在确实还需要一种很大的努力，才能够真正实现建设创新型国家的目的。

第二节　保护知识产权的方法

在知识产权的保护上，个人和企业方式方法是相同的。

随着我国知识产权法律的日趋完备，知识产权保护力度的日益加强，作为一种无形财产权的知识产权与企业之间的关系已渐趋紧密，可以说没有知识产权就没有企业。

然而，知识产权的客体是看不见、摸不着的，以至于有些企业不知道知识产权为何物，觉得这种权利神秘莫测，与自己不相干，缺乏知识产权的保护意识，直至造成严重的后果，不仅失去了发展的机会，有些甚至威胁到企业的生存。那么，企业究竟享有哪些知识产权呢？根据我国目前知识产权法律体系，企业通常享有以下几项知识产权：

（1）企业名称。又称厂商名称，是一企业区别于它企业的标志符号。企业名称在法律上有三层含义：第一，在一定行政区域内保持唯一性，且一个企业只准使用一个名称；第二，企业名称登记后，企业对其名称享有专用权，其他单位和个人未经同意不得使用该企业名称，否则构成侵权行为；第三，企业名称具有人身财产权利的性质，可以依法转让。

（2）专利技术。是指受我国专利法保护的发明、实用新型和外观设计。《专利法》对取得专利权的实质性条件有不同的具体规定，发明、实用新型必须具备新颖性、创造性和实用性；外观设计同时还须具有美感。在我国，专利权的取得采取申请在先的原则，即两个或两个以上的人先后申请同一发明创造时，不论发明次序的先后，谁先向专利局提出专利申请，谁就可以获得专利权。因此，企业应尽快地将其发明创造成果申请专利。

（3）专有技术。又称技术秘密、技术诀窍，指能提供一定价值，已被利用或者可能被利用，仅为有限专家所了解，且未在任何地方公开过其完整的形式，不作为工业产权取得任何形式保护的技术知识、经验、数据、方法和诀窍，或者以上对象的总和。其基本特征是：① 非专利性；② 保密性；③ 实用性；④ 可转让性。对专有技术通常通过《民法通则》《合同法》和《反不正当竞争法》来保护。

（4）注册商标。商标是指由文字、图形或者其组合等构成，使用于商品，用以区别不同商品生产者或经营者所生产或经营的同一和类似商品的显著标记。商标必须通过注册，企业才能取得对该商标专用权，《商标法》不直接保护未经注册的商标，但未注册的商标可以通过《反不正当竞争法》《著作权法》《专利法》来获得保护，同时，也可利用《商标法》有关注册商标的撤销制度来获得间接保护。但未注册商标的不利之处，除不能享有专用权外，还使企业在营销活动中处于不利地位，诸如不利于广告宣传、不利于参与市场竞争、不利于取得消费者信任等。

（5）商业秘密。根据《反不正当竞争法》第10条规定："商业秘密是指不为公众所知悉，能为权利人带来经济利益，具有实用性并经权利人采取保密措施的技术信息和经营信息"。所谓经营信息指经营策略、管理诀窍、客户名单、货源情报、投资标底等信息。商业秘密具有保密性和经济性两大主要特征，经济性着重在竞争优势，经济性以保密性为前提，一旦秘密公开，法律就不再对它进行保护。因此企业对其商业秘密应该采取有效的保密措施。

（6）商品包装装潢。依其不同的法律状态，分别受到《专利法》《商标法》《著作权法》或《反不正当竞争法》的交叉或重合保护。

了解了知识产权的范围后，企业应当从以下几个方面来保护自己的知识产权。首先，依据知识产权法，及时取得相应的权利。

知识产权中除了著作权、制止不正当竞争权外，都不是自动产生的。专利权实行申请在先原则，而商标权采用注册确认和申请在先原则，企业只有及时申请并获得授权或注册，才能有效地保护自己的知识产权不受侵犯。

其次，健全内部知识产权规章制度，设立专门的知识产权管理机构。

企业内部健全的知识产权规章制度是十分重要的，一个企业的知识产权如技术秘密和商业秘密，若没有健全的规章制度，极容易泄露，而一旦秘密公开，就得不到法律的保护，特别是在一些高新技术产业，因技术人员的流动带走原单位的技术秘密和商业秘密，给这些企业带来不可估量的损失，鉴于此，企业应建立以下知识产权规章制度：专利申报制度；专有技术申报制度；计算机软件购销审批制度；职工在工作中完成的知识产权的归属及奖励办法；职工应承担的保护企业知识产权的义务，其中包括保护企业技术秘密、商业秘密不受侵犯的义务，以及泄露秘密应承担的责任。

知识产权具有知识面广、专业性强的特点，对知识产权的保护是一个长期而艰巨的任务，关系到企业的发展乃至生存，因此，设立专门机构或专门管理人员十分必要。

再次，对侵犯知识产权的行为应采取果断措施，维护自己的合法权益。

目前我国对知识产权保护实行"双轨制"，即被侵权人可以向知识产权行政执法部门，如专利局、商标局、版权局投诉，请求对侵权行为进行查处，也可直接向人民法院起诉，但无论采取哪种途径，企业在发现他人侵犯自己知识产权时，应及时收集证据。

最后，企业应对职工进行知识产权普法教育，将其作为新职工上岗前培训的必修课。

第三节　创新创造和保护知识产权案例

一、创新创造案例分析

两个最成功的创新例子，一个是 AMD 技术 64 位的创新，以及我们双核和多核的发展。推动 AMD 不断向前发展的核心要素有两个，一个是我们非常重视新技术和旧技术的兼容性，这样使得我们的用户在享受高科技、高技术的新产品的同时，不用以放弃旧的资源为代价。另一个是我们以大众服务为目的。大家知道芯片已经不是一个孤立的产品，而且正在改变着其他行业的竞争。作为我们行业的领导者，必须要承担起相应的社会责任，就是要确保我们的最新技术能够满足我们的用户需要,而且要给我们的用户提供尽可能的使用。这就是 AMD64 位技术创新的指导思想，大家可以看到，为了使我们的用户能够有更快的速度和更大的量，我们也引进了超传输的技术，使得处理器和我们的输入输出直接相连，同时增加了 IU 通道的带宽，解决了数据传输中的瓶颈问题，我们把 64 位指令集以及集成的内存、控制器加上我们引进超传输的技术，把三大技术整合，成为 AMD 独特的架构。这个创新的成果也成为世界芯片产业一个重大的转折点。

事实可以证明，我们倾听用户的声音，在创新中以满足他们的需求为目标，这是我们技术创新取得成功的最起码的条件。在多核技术上的创新，由于今天提供了多媒体技术和互联网技术的高速发展，数字内容和多媒体娱乐为我们新的一代提供了一种新的娱乐生活方式，这给我们提出了非常高的要求。由于我们在 64 位微处理器设计的时候，就采用了很多架构的需求，本身为双核和多核奠定了一个坚实的基础。AMD 实现的是一个真正意义上的双核方案，就是要求在软件和硬件保持一致的情况下，使用户以最低的成本，平滑地过渡到多核的时代。今天 AMD 的多核技术正在帮助全球各地的用户获得更好的技术支持。

一个最重要的创新理念就是以客户为中心，我们的创新以市场和客户的需求为出发点，使得我们的客户在成功的基础上为社会提供更多的解决方案和产品。我们把客户的成功与否作为成功的重要衡量标准之一。

我们倡导我们的技术应该以大众服务为目的，AMD 工作已经率先推出了 50×15 的计划，就是在 2010 年的时候，为全球 50%的人口能够提供互联网和接入服务，我们为全球 50%的人口提供他们能够负担得起的互联网的设备，就是在 2015 年的时候，全球大约有 72 亿的人口，使得他们能够享受到数字化时代的信息生活和娱乐。

我们行业有一个很重要的技术创新理念，我们认识到技术创新要勇于承担风险，因为风险可能来自各个方面，比如技术的本身、资金的投入、市场环境变化等。我们现在获得 AMD64 位和双核技术来说，我们很早就提供了上亿元的资金，所以鼓励创新就要承担风险。

另外，一个公平公开的竞争环境是技术创新最重要的、最基本的道理就是没有竞争就没有竞争力，如果没有竞争，世界上所有的投资、研究和专项教育就不能够推动我们的经济，竞争是我们的灵魂，是我们愿意为大众谋取利益。AMD 的成长过程也让我们深深理解到，开放的竞争环境才能促进创新和行业的发展，当我们通过技术创新研制成功一个很好产品的时候，不应该由于不公正的环境，造成大家没有办法应用和选择最好的东西，所以营造公平的竞争环境是我们政府和消费者共同的责任，公平的责任保护我们自由选择的权利，而且使得我们广大的用户能够及时享受到技术创新的成果，进而推动整个创新的发展。

大家可以看到，由于我们的技术创新，为 AMD 近年来营造持续的市场成功。从最新发布的报告来看，2005 年年底，AMD64 产品已经达到了 17%，这是历史最高的纪录，在服务器和台式机及便携式计算机中的市场份额不断攀升，在今天财富 100 强的企业中，有 90%是 AMD 的客户。

我们回顾几年前，当时市场上高档计算机的微处理器就高达 900 美金，而我们今天的价格还不到一半，整体 CPU 的价格跌幅也超过 50%，所以由于 AMD 的崛起与成功的建设，使得我们全球信息化的建设成本也在不断的下降。另外举的一个例子就是今天 AMD 浩龙的一个服务器，它的功耗只是同类产品的 51%，如果我们有 500 台数据中心的话，每年光耗电量就可以节省 180 多万元。

在今天的世界里，信息产业已经成为世界经济发展的首要驱动力，而整个核心部分就是微处理器技术。AMD 作为全球最大的芯片厂商之一，我们积极地投入到中国信息产业的发展，以支持中国自主创新作为公司长期发展的重要战略，并把 AMD 未来的成功与中国信息产业的成功紧紧相连在一起。

近几年，我们在"中国芯"指中国的理念的引导下，积极参与和推动中国自主创新。我们也成立了大中华区的总部，我们对于中关村享有中国硅谷声誉的科技园区有很大的信心，这里强大的生产力以及不断的创新和不朽的文化，这里也聚集了最有活力的高新技术，以及最具科研实力的科研院所，我们把大中华区的总部建在北京中关村就是要把我们融入到这个创新中去，同时我们有一个 X86 核心技术转让，我们转让这个核心技术，就是帮助中国发展自己的 X86 技术，并且推动产业化的项目，目前在科技部已经有进展了，不久将听到有创新的 X86 芯片技术问世的情况。

最近我们的投资超过了 1 亿美金，我们在北京又成立了软件于系统开发的工程研发中心，在上海成立了平台技术和移动技术的研发中心，在苏州设立了测试和分装的工厂，这些把我们全球最领先的微处理器技术尽快地带入中国，并和中国的市场和客户的需求紧密相连，同时我们希望能够培养一批拥有世界最高领先技术的创新人才。我们还在广西合作，在南宁成立了 64 位软件开发和应用中心，而且还在国内很多高校成立了 64 位电子教室等，我们所做的就是为了推动 64 位双核多核的广泛应用。通过 AMD30 多年发展历程，它从一个很小的芯片供应商的公司，通过不断的自主创新，通过不断的努力，成为微处理器的领先者，同时发展成为这个行业的领导者，我们相信，AMD 公司成功的经验，会让中国坚信，通过我们持久的努力，我们坚持自主创新，我们一定可以发展成为自主创新信息技术的强国。

二、保护知识产权案例分析

例 1： 某企业为了将一项工作内容做到系统化、规范化，经过工程师们不断努力终于研发出该项目的培训系统，在本企业应用效果非常好，得到了同行和上级领导的认可。并申报了奖项，发表了论文。

随着该系统在应用过程不断更新完善，所有资料准备充足，想申报专利保护该成果时，却由于前期申报过奖项和发表过论文造成知识产权保护失败。

注：现为大家推荐一个知识产权保护的流程：

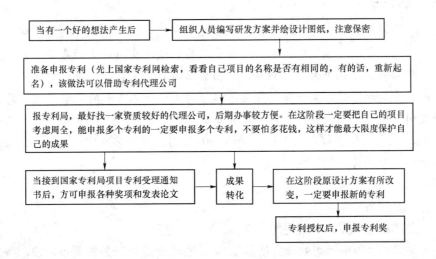

例 2： 2016 年，国网陕西省电力公司是培训中心科研小组研发《一种多分裂全方位电力飞车》项目，产生了 7 项专利，其中发明专利 3 项，实用新型专利 4 项。《一种电力飞车》

《一种电力飞车整体结构》《一种多分裂全方位电力飞车》《一种电力飞车拢线和反导线翻转机构（实用新型）》《一种电力飞车跨越升降机构（实用新型）》《一种电力飞车车轮行走机构（实用新型）》《一种电力飞车可拆卸组装车体机构（实用新型）》这7项专利都是在申报时充分考虑最大限度保护项目的措施，有效地防止他人利用。

⚡ 著作权案例

高丽娅是重庆市南岸区四公里小学语文教师，2002年4月，因撰写论文需要参考自己历年所写教案，遂向学校要求返还上交的48本教案，但学校最终只返还了4本，其余的教案或被销毁或被卖给了废品回收站。高丽娅认为学校不尊重教师劳动成果，状告重庆市南岸区四公里小学校私自处理自己教案本的行为侵犯了其对于所写教案的著作权。

此案一审判决认为："根据《中华人民共和国著作权法实施条例》第二条、第四条的规定，教案不属作品范畴，不受著作权法的保护"，进而认定原告"编写教案的行为应为一种工作行为，所编写的教案应为工作成果，被告有占有、使用、处分的权利。"

二审判决则认定"虽然教案包含了教师个人的经验及智慧，但也是教师为完成学校工作任务所创作的职务作品，是教师在工作中应该履行的工作职责，是一种工作行为。"高丽娅不服二审判决，于2004年5月向检察机关提出申诉。重庆市检察院于2004年11月25日向重庆市高级人民法院提出抗诉。

根据案例和著作权法理论，辨析回答以下问题：

（1）作品的概念与条件？

（2）教师教案是不是文字作品，为什么？

（3）什么是职务作品？什么是非职务作品？

（4）本案中教师教案著作权的归属？为什么？

🚲 专利法案例

例1：1985年初，甲大学环境科研所环境化学研究室副主任A，应某市环保局邀请，同意帮助研究有关印染污水处理技术。A一直从事微量元素与健康研究工作，当时分管后勤工作。同年寒假，A在甲大学实验室内利用废旧原料、工具及试纸，对有关厂家提供的印染污水进行实验和测试，完成了"印染污水处理方法及工艺"的发明创造。此后，甲大学就该项发明创造向中国专利局申请了职务发明专利，并于1989年11月1日获得专利权。而A认为该发明专利权归属有误，于1990年10月向某市中级人民法院提起诉讼，请求判令该发明专利为非职务发明。

问题分析：

（1）什么是职务发明？

（2）该发明的主体是个人还是单位？

（3）A完成的"印染污水处理方法及工艺"发明创造是职务发明还是非职务发明，如何判断？

例2：钱某与孙某为一项专利产品的共有人。2000年7月9日，孙某未经钱某同意，就与李某就该项发明专利签订了专利实施许可合同。此后不久，李某将该项专利许可转让给周某实施，于是周某开始批量生产并在市场上销售。2001年7月5日吴某从周某处购进该专利产品，并转手销售。钱某在市场上发现了吴某出售的专利产品，将吴某告至法庭。回答以下问题：

（1）孙某的行为是否构成侵权？

（2）李某能否将该项专利再许可周某实施？

（3）周某的行为是否构成侵权？

（4）吴某的行为是否构成侵权？要承担什么法律责任？

思考题

（1）请按你的理解给知识产权概念下个定义。

（2）请试述知识产权的法律性质。

（3）请试述知识产权的范围。

（4）你认为知识产权法有哪些作用（最少四条）。

案例题

某公司新生产一种环保型纯天然矿泉水。……注册咨询服务。要求：写一篇咨询意见书，根据我国商标法及相关法规，我作为商标代理人，谨对贵公司申请"神怡"牌矿泉水注册商标一事，出具咨询意见如下：

怎样申请注册商标及申请程序。我国商标法规定，我国国内申请人可以通过两种渠道办理商标注册，一是由申请人委托商标代理机构代为办理注册商标申请事宜，二是由申请人直接办理。贵公司可以选择其中之一进行办理。若选择委托办理，贵公司首先应当注意选择具有商标代理资质的商标代理机构就代理事项与之协商一致，签订委托代理合同，出具授权委托书，并向该机构交纳代理费以及贵公司企业法人营业执照等有效证件的复印件。若选择直接办理，则应持企业介绍信、企业法人营业执照及有关申请文件，直接到商标局办理注册商标申请手续。无论采用哪种渠道，都必须填写统一的《商标注册申请书》报商标局，并提交商标图样及申请人身份证的复印件。商标局在收到商标注册申请之后，将依法对该申请进行形式审查和实质审查，经审查，对符合规定的，予以初步审定并予以公告。自公告之日起三个月内无异议者，予以核准注册。对不符合规定的，予以驳回。申请人不服的，可以自收到驳回通知之日起15日内向商标复审委员会申请复审。对复审结果不服的，可以自收到复审结果通知书之日起30日内向人民法院起诉。

关于防止贵公司合法权益受损害的措施。这个问题的实质是贵公司一旦获得"神怡"牌矿泉水注册商标后，应采取哪些措施予以保护的问题。关于商标保护，我国法律规定主要有行政保护和司法保护两种方式。行政保护是指商标管理机关通过行政程序依法查处商标侵权行为来保护商标专用权。贵公司一旦发现自己拥有的注册商标权益受到损害，如市场上出现假冒产品，就应当及时向商标管理机关报告，并积极搜集相关证据，配合商标管理机关打击任何人对贵公司注册商标合法权益的侵权行为。司法保护是指司法机关通过司法程序依法审理商标侵权案件，制裁商标侵权人，打击假冒注册商标犯罪来对商标专用权予以保护。如有必要，贵公司依法直接向人民法院起诉，请求司法保护。此外，贵公司也应加强注册商标自我保护，包括通过学习增强商标保护意识，配备商标管理人员，采取各种预防措施，发生侵权事件后及时请求行政保护和司法保护等。

  ××商标事务所 商标代理人：×××年 月 日《知识产权法》

  邯郸某食品厂是"乐华"注册商标的商标权人，该商标使用在罐头商品上，沧州某厂在罐头上使用未注册商标"月华"牌，且包装是用于"乐华"商标相似装潢。北京某仓储公司帮助沧州某厂运输、存储"月华"罐头并在北京某商场销售。

 练习题

（1）"月华"与"乐华"是否构成商标近似？为什么？

（2）沧州某厂的商标是否侵犯了"乐华"的商标权？为什么？

（3）北京某仓储公司是否应承担责任？

（4）北京某商场是否应承担责任？

第五章 大学生创新创业与人生发展

任务目标

通过本模块学习，掌握创业的概念，了解创业与职业生涯发展的关系，在老师指导下，开展针对性的职业发展规划。

第一节 什么是创业

"创业"一词由"创"和"业"组成，所谓"创"就是创造，即创建、创立、创新之意，《辞海》的解释是"创立基业"。古代《孟子·梁惠王》有："君子创业垂直，可继也。"诸葛亮《出师表》曰："先帝创业未半，而中道崩殂。"这里所谓的"创业"是广义上的创业，是指"事业的基础、根基"，既可以是古代的"帝王之业""霸王之业"，也可以是百姓家业、家产和个人事业。关于"业"字，其含义也很多，《现代汉语成语辞典》对"业"有如下解释：学业；业务、工作；专业、就业、转业、事业；财产、家业、企业等。所以，"创业"的内涵也极其丰富，有性质、类别、范围和过程阶段等方面的区别与差异。

一、创业的概念

创业是一种劳动方式，是一种需要创业者运营、组织、运用服务、技术、器物作业的思考、推理和判断的行为。根据杰夫里·提蒙斯（Jeffry A.Timmons）所著的创业教育领域的经典教科书《创业创造》（New Venture Creation）的定义：创业是一种思考、推理结合运气的行为方式，它为运气带来的机会所驱动，需要在方法上全盘考虑并拥有和谐的领导能力。创业是指创立基业或创办事业。创业有广义和狭义之分。狭义的创业是指创业者的生产经营活动，主要是开创个体和家庭的小业。广义的创业是指创业者的各项创业实践活动，其功能指向是成就国家、集体和群体的大业。创业是创业者对自己拥有的资源或通过努力对能够拥有的资源进行优化整合，从而创造出更大经济或社会价值的过程。

创业作为一个商业领域，创业以点滴成就，点滴喜悦致力于理解创造新事物（新产品、新市场、新生产过程或原材料、组织现有技术的新方法）的机会，如何出现并被特定个体发现或创造，这些人如何运用各种方法去利用和开发它们，然后产生各种结果。

创业是一个人发现了一个商机并加以实际行动转化为具体的社会形态，获得利益，实现价值。科尔（Cole）提出，把创业定义为：发起、维持和发展以利润为导向的企业的有目的性的行为。

二、常见的创业领域

（一）高科技领域

身处科技前沿阵地的大学生，在这一领域创业有着近水楼台先得月的优势，大学生创业企业的成功，很多得益于创业者的技术优势。但并非所有的大学生都适合在高科技领域创业，一般来说，技术功底深厚、学科成绩优秀的大学生才有成功的把握。有意在这一领域创业的大学生，可积极参加各类创业大赛，获得脱颖而出的机会，同时吸引风险投资。

（二）智力服务领域

智力是大学生创业的资本，在智力服务领域创业，大学生游刃有余。例如，家教领域就非常适合大学生创业，一方面，这是大学生勤工俭学的传统渠道，积累了丰富的经验；另一方面，大学生能够充分利用高校教育资源，更容易赚到"第一桶金"。此类智力服务创业项目成本较低，一张桌子、一部电话就可开业。

（三）连锁加盟领域

统计数据显示，在相同的经营领域，个人创业的成功率低于20%，有的则高达80%。对创业资源十分有限的大学生来说，借助连锁加盟的品牌、技术、营销、设备优势，可以较少的投资、较低的门槛实现自主创业。但连锁加盟并非"零风险"，在市场鱼龙混杂的现状下，大学生涉世不深，在选择加盟项目时更应注意规避风险。

（四）开店

大学生开店，一方面可充分利用高校的学生顾客资源；另一方面，由于熟悉同龄人的消费习惯，因此入门较为容易。正由于走"学生路线"，因此要靠价廉物美来吸引顾客。此外，由于大学生资金有限，不可能选择热闹地段的店面，因此推广工作尤为重要，需要经常在校园里张贴广告或和社团联办活动，才能广为人知。

（五）技术创业

大学生毕业后，在学校学习的课程很难应用到实际工作中。毕业后学习一门技术，可以让大学生很快融入社会。有一技之长进可开店创业，退可打工积累资本。好酒不怕巷子深，所以有一技之长的大学生在开店创业的时候，可以避开热闹地段节省大量的门面租金，把更多的创业资金用到经营活动中去。

三、创业的几个基本阶段

➤ 第一阶段

生存阶段，以产品和技术来占领市场，只要有想法（点子）会搞关系（销售）就可以。

➤ **第二阶段**

公司化阶段，规范管理来增加企业效益，这是需要创业者的思维从想法提升到思考的高度，而原先的搞关系就转变成一个个渠道的建设，公司的销售是依靠渠道来完成，团队也初步形成。

➤ **第三阶段**

集团化阶段。这时依靠的是硬实力（产业化的核心竞争力），整个集团和子公司形成了系统平台，依靠的是一个个团队通过系统平台来完成管理（人治变成了公司治理），销售变成了营销，区域性渠道转变成一个个地区性的网络，从而形成了系统，思维从平面到三维。这时你就可以退休了，创业者就有了现金流系统（赚钱机器），它是24小时为你工作的，这就是许多创业者梦想达到的理想状态。

➤ **第四阶段**

这是创业者的最高境界，集团总部阶段，是一种无国界的经营，也就是俗称跨国公司。集团总部的系统平台和各子集团的运营系统形成的是一种体系。集团总部依靠的是一种可跨越行业边界的无边界核心竞争力（软实力），子集团形成的是行业核心竞争力（硬实力），这样将使集团的各行各业取得它们在单兵作战的情况下所无法取得业绩水平和速度。思维已从三维到多维，这才是企业发展所要追求和达到的最高境界。

四、创业需注意的问题

（1）创业者要有坚韧不拔的精神和毅力。创业过程中会遇到很多问题，失败的风险很大，这就需要创业者具备强大的心理素质和毅力。

（2）要关注与创业有关的相关政策。对于大学生创业者来说，在不同的地区不同的时机进行创业，政策都可能是决定创业成败的关键因素，要对自己有利和不利的因素详加分析，创业时一定要注意"用足"有利政策，如免税优惠，减少创业初期的成本。

（3）对于多数创业者来说，资本可能是最大的难题。拓宽自己的融资渠道，但又要考虑好风险、成本和其他问题之间的平衡。

（4）积极利用现有资源。珍惜现有资源，对能帮自己生存的项目，要优先进行考虑。

（5）谨慎选择合作伙伴。选择合作伙伴首先要志同道合，其次要互相信任。和合作伙伴之间的责、权、利一定要分清楚，最好形成书面文字，有合作双方和见证人的签字，以免起纠纷时空口无凭。

（6）细致准备必不可少。创业是一项庞大的工程，涉及融资、选项、选址、营销等诸多方面，因此在职人员创业前，一定要进行细致的准备。

第二节　创业与职业生涯发展

一、职业的概念

从中文角度看："职业"反映个人与社会两个方面的内容，是个人与社会互动的范畴。

从科学角度看：职业是指人们从事的相对稳定的、有收入的、专门类别的工作。

由此可说：职业是人的社会角色的一个极为重要的方面。

职业是参与社会分工，利用专门的知识和技能，为社会创造物质财富和精神财富，获取合理报酬，作为物质生活来源，并满足精神需求的工作。

二、职业特征

1. 职业的社会属性

职业是人类在劳动过程中的分工现象，它体现的是劳动力与劳动资料之间的结合关系，其实也体现出劳动者之间的关系，劳动产品的交换体现的是不同职业之间的劳动交换关系。这种劳动过程中结成的人与人的关系无疑是社会性的，他们之间的劳动交换反映的是不同职业之间的等价关系，这反映了职业活动职业劳动成果的社会属性。

2. 职业的规范性

职业的规范性应该包含两层含义：一是指职业内部的规范操作要求性，二是指职业道德的规范性。不同的职业在其劳动过程中都有一定的操作规范性，这是保证职业活动的专业性要求。当不同职业在对外展现其服务时，还存在一个伦理范畴的规范性，即职业道德。这两种规范性构成了职业规范的内涵与外延。

3. 职业的功利性

职业的功利性也叫职业的经济性，是指职业作为人们赖以谋生的劳动过程中所具有的逐利性一面。职业活动中既满足职业者自己的需要，同时，也满足社会的需要，只有把职业的个人功利性与社会功利性相结合起来，职业活动及其职业生涯才具有生命力和意义。

4. 职业的技术性和时代性

职业的技术性指不同的职业具有不同的技术要求，每一种职业往往都表现出一定相应的技术要求。职业的时代性指职业由于科学技术的变化，人们生活方式、习惯等因素的变化导致职业打上那个时代的"烙印"性。[3]

三、职业的类型

（一）西方职业的划分

根据西方国家的一些学者提出的理论，在国外一般将职业分为三种类型：

（1）按脑力劳动和体力劳动的性质、层次进行分类。这种分类方法把工作人员划分为白领工作人员和蓝领工作人员两大类。白领工作人员包括：专业性和技术性的工作，农场以外的经理和行政管理人员、销售人员、办公室人员。蓝领工作人员包括：手工艺及类似的工人、非运输性的技工、运输装置机工人、农场以外的工人、服务性行业工人。这种分类方法明显地表现出职业的等级性。

（2）按心理的个别差异进行分类。这种分类方法是根据美国著名的职业指导专家霍兰德创立的"人格—职业"类型匹配理论，把人格类型划分为六种，即现实型、研究型、艺术型、社会型、企业型和常规型。与其相对应的是六种职业类型。

（3）依据各个职业的主要职责或"从事的工作"进行分类。这种分类方法较为普遍，以两种代表示例。其一是国际标准职业分类。国际标准职业分类把职业由粗至细分为四个层次，即 8 个大类、83 个小类、284 个细类、1506 个职业项目，总共列出职业 1881 个。其中 8 个大类是：

1）专家、技术人员及有关工作者；

2）政府官员和企业经理；

3）事务工作者和有关工作者；

4）销售工作者；

5）服务工作者；

6）农业、牧业、林业工作者及渔民、猎人；

7）生产和有关工作者、运输设备操作者和劳动者；

8）不能按职业分类的劳动者。

这种分类方法便于提高国际间职业统计资料的可比性和国际交流。其二是加拿大《职业岗位分类词典》的分类。它把分属于国民经济中主要行业的职业划分为 23 个主类，主类下分 81 个子类，489 个细类，7200 多个职业。此种分类对每种职业都有定义，逐一说明了各种职业的内容及从业人员在普通教育程度、职业培训、能力倾向、兴趣、性格以及体质等方面的要求，有较大的参考价值。

（二）我国职业的划分

我国职业分类，根据我国不同部门公布的标准分类，主要有两种类型：

（1）第一种：根据国家统计局、国家标准总局、国务院人口普查办公室 1982 年 3 月公布，供第三次全国人口普查使用的《职业分类标准》。该《标准》依据在业人口所从事的工作性质的同一性进行分类，将全国范围内的职业划分为大类、中类、小类三层，即 8 大类、64 中类、301 小类。其 8 个大类的排列顺序是：第一，各类专业、技术人员；第二，国家机关、党群组织、企事业单位的负责人；第三，办事人员和有关人员；第四，商业工作人员；第五，服务性工作人员；第六，农林牧渔劳动者；第七，生产工作、运输工作和部分体力劳动者；第八，不便分类的其他劳动者。在 8 个大类中，第一、二大类主要是脑力劳动者，第三大类包括部分脑力劳动者和部分体力劳动者，第四、五、六、七大类主要是体力劳动者，第八类是不便分类的其他劳动者。

（2）第二种：国家发展计划委员会、国家经济委员会、国家统计局、国家标准局批准，于 1984 年发布，并于 1985 年实施的《国民经济行业分类和代码》。这项标准主要按企业、事业单位、机关团体和个体从业人员所从事的生产或其他社会经济活动的性质的同一性分类，即按其所属行业分类，将国民经济行业划分为门类、大类、中类、小类四级。门类共13 个：

1）农、林、牧、渔、水利业；

2）工业；

3）地质普查和勘探业；

4）建筑业；

5）交通运输业、邮电通信业；

6）商业、公共饮食业、物资供应和仓储业；

7）房地产管理、公用事业、居民服务和咨询服务业；

8）卫生、体育和社会福利事业；

9）教育、文化艺术和广播电视业；

10）科学研究和综合技术服务业；

11）金融、保险业；

12）国家机关、党政机关和社会团体；

13）其他行业。

（3）第三种：根据《中华人民共和国职业分类大典》将我国职业归为 8 个大类，66 个中类，413 个小类，1838 个细类（职业）。

8 个大类分别是：

➤ **第一大类**

国家机关、党群组织、企业、事业单位负责人，其中包括 5 个中类，16 个小类，25 个细类。

➤ **第二大类**

专业技术人员，其中包括 14 个中类，115 个小类，379 个细类。

➤ **第三大类**

办事人员和有关人员，其中包括 4 个中类，12 个小类，45 个细类。

➤ **第四大类**

商业、服务业人员，其中包括 8 个中类，43 个小类，147 个细类。

➤ **第五大类**

农、林、牧、渔、水利业生产人员，其中包括 6 个中类，30 个小类，121 个细类。

➤ **第六大类**

生产、运输设备操作人员及有关人员，其中包括 27 个中类，195 个小类，1119 个细类。

➤ **第七大类**

军人，其中包括 1 个中类，1 个小类，1 个细类。

➤ **第八大类**

不便分类的其他从业人员，其中包括 1 个种类，1 个小类，1 个细类。

这三种分类方法符合我国国情，简明扼要，具有实用性，也符合我国的职业现状。

而根据中国职业规划师协会定义：职业包含十个方向（农村农业、生产加工、制造、服务娱乐、政治、科研教育、管理、商业）。

细化分类有 90 多个常见职业，工人、农民、个体商人、公共服务、知识分子、管理、兵役。

特别注意，有关"职位"（Professional Position）、"工作"（Job）、"职业"（Occupation）

和"职业生涯"（Career）这几个词的含义在理论上仍然存在着一定程度的争议，不过我们可以大致将它们定义如下：

职位：是和分配给个人的一系列具体任务直接相关的。因此，职位和参与工作的个人相对应，有多少参与工作的个人，就有多少个职位。例如，小张是某俱乐部足球队的前锋。

工作：是由一系列相似的职位所组成的一个特定的专业领域。例如，前锋。

职业：是在不同的专业领域中一系列相似的服务。例如，运动员是一种职业。

职业生涯（Career）这个概念的含义曾随着时间的推移发生过很多变化。在20世纪70年代，职业生涯专指个人生活中和工作相关的各个方面。随后，又有很多新的意义被纳入到"职业生涯"的概念中，其中甚至包含了生活中关于个人、集体以及经济生活的方方面面。

从经济的观点来看，职业生涯就是个人在人生中所经历的一系列职位和角色，它们和个人的职业发展过程相联系，是个人接受培训教育以及职业发展所形成的结果。

职业是指人们在社会生活中所从事的以获得物质报酬作为自己主要生活来源并能满足自己精神需求的、在社会分工中具有专门技能的工作。

四、职业兴趣

职业兴趣是一个人对待工作的态度，对工作的适应能力，表现为有从事相关工作的愿望和兴趣，拥有职业兴趣将增加个人的工作满意度、职业稳定性和职业成就感。知遇网根据颇具权威的霍兰德职业兴趣分类方法，将职业兴趣分为常规型、艺术型、实践型、研究型、社会型、管理型六种类型。

职业兴趣是以一定的素质为前提，在生涯实践过程中逐渐发生和发展起来的。它的形成与个人的个性、自身能力、实践活动、客观环境和所处的历史条件有着密切的关系，因此，职业规划对兴趣的探讨不能孤立进行，应当结合个人的、家庭的、社会的因素来考虑。了解这些因素，有利于深入认识自己，进行职业规划。

（一）个人需要和个性

但不管人的兴趣是什么，都是以需要为前提和基础的，人们需要什么也就会对什么产生兴趣。由于人们的需要包括生理需要和社会需要或物质需要和精神需要，因此人的兴趣也同样表现在这两个方面。人的生理需要或物质需要一般来说是暂时的，容易满足。例如，人对某一种食物、衣服感兴趣，吃饱了、穿上了也就满足了；而人的社会需要或精神需要却是持久的、稳定的、不断增长的，例如人际交往、对文学和艺术的兴趣、对社会生活的参与则是长期的、终生的，并且不断追求的。兴趣是在需要的基础上产生的，也是在需要的基础上发展的。

有的人兴趣和爱好的品位比较高，有的人兴趣和爱好的品位比较低，兴趣和爱好品味的高低会受一个人的个性特征优劣的影响。例如，一个人个性品质的高雅，会对公益活动感兴趣，乐于助人，对高雅的音乐、美术有兴趣；反之，一个人个性的低级，会对占小便宜感兴趣，对低级、庸俗的文艺作品有兴趣。

（二）个人认识和情感

兴趣不足是和个人的认识和情感密切联系着的。如果一个人对某项事物没有认识，也就不会产生情感，因而也就不会对它发生兴趣。同样，如果一个人缺乏某种职业知识，或者根本不了解这种职业，那么他就不可能对这种职业感兴趣，在职业规划时想不到。相反，认识越深刻，情感越丰富，兴趣也就越深厚。

例如，有的人对集邮很入迷，认为集邮既有收藏价值，又有观赏价值，它既能丰富知识，又能陶冶情操，而且收藏得越多，越丰富，就越投入，越情感专注，越有兴趣，于是就会发展成为一种爱好，并有可能成为他的职业生涯。

（三）家庭环境

家庭作为最基本的社会单元，对每个人的心理发展都产生重要的影响，因此个人职业心理发展具有很强的社会化特征，家庭环境的熏陶对其职业兴趣的形成具有十分明显的导向作用。大多数人从幼年起就在家庭的环境中感受其父母的职业活动，随着年龄的增长，逐步形成自己对职业价值的认识，使得个人在选择职业时，不可避免地带有家庭教育的印迹。家庭因素对职业取向的影响，主要体现在择业趋同性与协商性等方面。

一般情况下，个人对于家庭成员特别是长辈的职业比较熟悉，在职业规划和职业选择上产生一定的趋同性影响，同时受家庭群体职业活动的影响，个人的生涯决策或多或少产生于家庭成员共同协商的基础上。兴趣有时也受遗传的影响，父母的兴趣也会对孩子有直接的影响。

（四）受教育程度

个人自身接受教育的程度是影响其职业兴趣的重要因素。任何一种社会职业从客观上对从业人员都有知识与技能等方面的要求，而个人本人的知识与技能水平的高低在很大程度上取决于其受教育的程度。一般意义上，个人学历层次越高，接受职业培训范围越广，其职业取向领域就越宽。

（五）社会因素

一方面，社会舆论对个人职业兴趣的影响主要体现在政府政策导向、传统文化、社会时尚等方面。政府就业政策的宣传是主导的影响因素，传统的就业观念和就业模式也往往制约个人的职业选择，而社会时尚职业则始终是个人特别是青年人追求的目标。如当前计算机技术和旅游事业都得到较大发展，对这两个职业有兴趣的人也增加得很快。

另一方面，兴趣和爱好是受社会性制约的，不同的环境、不同的职业、不同的文化层次的人，兴趣和爱好都不一样。

（六）职业需求

职业需求是一定时期内用人单位可提供的不同职业岗位对从业人员的总需求量，它是影响个人职业兴趣的客观因素。职业需求越多、类别越广，个人选择职业的余地就越大。职业需求对个人的职业兴趣具有一定的导向性，在一定条件下，它可强化个人的职业选择，或抑制个人不切实际的职业取向，也可引导个人产生新的职业取向。

最后，年龄的变化和时代的变化也会对人的兴趣产生直接影响。就年龄方面来说，少儿时期往往对图画、歌舞感兴趣，青年时期对文学、艺术感兴趣，成年时期往往对某种职业、某种工作感兴趣。它反映了一个人兴趣的中心随着年龄的增长、知识的积累在转移。就时代来讲，不同的时代、不同的物质和文化条件，也会对人的兴趣变化产生很大的影响。

五、社会用人单位

（一）企业单位

企业，是从事社会经济活动的单位，其用人可以分为经营、管理、技术、操作等类别。

1. 企业人员

以生产性企业——工厂为例，企业的员工一般包括以下四类人员：

（1）生产人员。生产人员包括直接开机器的生产第一线工人和为第一线生产进行直接服务的辅助生产工人。

（2）工程技术人员。工程技术人员指担负企业的工程技术性工作，并具有一定的专业技术职称或相应水平者，如工程师、技师。

（3）管理人员。管理人员指在企业的各个职能科室、部门机构担任各层次各项管理工作的人员。

（4）服务人员。服务人员指直接为本企业职工生活和间接为生产提供服务的各种人员。

2. 企业的类型

（1）国有企业。

（2）私营企业。

（3）外资企业。

（4）合资企业。

（5）股份制企业。

（二）事业单位

1. 单位性质

事业单位一般是指主要由国家财政经费开支、不从事独立经营而从事为社会服务的工作单位。事业单位中的许多单位由国家拨款，是非赢利性组织。

2. 用人特点

（1）具有较强的专业性，其职业特点是脑力劳动为主。

（2）事业单位的职业岗位以各类专业技术人员为主，一般实行专业技术人员聘任制。

（三）政府机关

政府机关是国家和地方各级政府行政管理机构的总称。

在政府部门中工作的人员，除去少部分专业技术人员和工勤人员外，主要是国家公务员。我国目前已经开始全面实施公务员制度。公务员应当是社会的精英，获得这一职业岗位一般需要经过公开考试录用，国家对公务员进行经常性的考核、考绩等方面的管理。

六、职业规划

（一）职业生涯的含义

职业生涯是指个体职业发展的历程，一般是指一个人终生经历的所有职业发展的整个历程。

职业生涯是贯穿一生职业历程的漫长过程。科学地将其划分为不同的阶段，明确每个阶段的特征和任务，做好规划，对更好地从事自己的职业，实现确立的人生目标，非常重要。

（二）职业生涯规划的含义

职业生涯规划，是指个人发展与组织发展相结合，对决定一个人职业生涯的主客观因素进行分析、总结和测定，确定一个人的事业奋斗目标，并选择实现这一事业目标的职业，编制相应的工作、教育和培训的行动计划，对每一步骤的时间、顺序和方向做出合理的安排。

（三）职业生涯规划的期限

职业生涯规划的期限，划分为短期规划、中期规划和长期规划。

短期规划，为五年以内的规划，主要是确定当下的职业目标，规划完成的任务。

中期规划，一般为五～十年，规划三～五年内的目标与任务。

长期规划，其规划时间是十～二十年以上，主要设定较长远的目标。

（四）职业生涯规划的特性

（1）可行性：规划要有事实依据，并非是美好幻想或不着边的梦想，否则将会延误生涯良机。

（2）适时性：规划是预测未来的行动，确定将来的目标，因此各项主要活动，何时实施、何时完成，都应有时间和时序上的妥善安排，以作为检查行动的依据。

（3）适应性：规划未来的职业生涯目标，牵涉多种可变因素，因此规划应有弹性，以增加其适应性。

（4）连续性：人生每个发展阶段应能持续连贯性衔接。

（五）影响个人职业生涯发展的因素

包括进取心与责任心、自信心、自我表现认识和自我表现调节、情绪稳定性、社会敏感性、社会接纳性、社会影响力。

职业机构可以接受求职者或用人单位的委托，帮助求职者对自己或用人单位对应聘者进行职业生活设计。

（六）职业规划必须考虑的因素

（1）个人自身的因素。

（2）所在组织所提供的发展条件的因素。

（3）社会环境所给予的支持和制约因素。

（七）职业规划作用

（1）确认人生的方向，提供奋斗的策略。

（2）突破并塑造清新充实的自我。

（3）准确评价个人特点和强项。

（4）评估个人目标和现状的差距。

（5）准确定位职业方向。

（6）重新认识自身的价值并使其增值。

（7）发现新的职业机遇。

（8）增强职业竞争力。

第三节　案　例

正确运用生涯发展理论，进行职业生涯规划

某院校毕业生 2018 年 7 月毕业。2017 年暑假，她曾在本校实习 3 个月，能熟练运用本行业通用的软件系统。后在一家新企业实习 IT 助理，在该企业实习了十几天，对企业的整体情况有了一些认识，她认为现在的 IT 助理工作办公环境不太好，身边机器多，辐射大，不利于健康。她喜欢与客人面对面交流，想做企业前台接待，但又觉得该岗位需要三班倒，恐怕将来不好找对象，于是她进行了专业的职业生涯规划。

首先该毕业生进行了认真分析，探索了她的职业兴趣、职业价值观、职业技能，职业发展目标，到底是做企业前台接待还是企业 IT 助理。

其次根据认知信息加工理论（简称 CIP 理论），该毕业生进行了自我探索，主要包括职业兴趣、职业价值观、职业技能的探索。比如该毕业生的个人优势是性格开朗、踏实；急需改善的方面是考虑问题不全面，情绪化。另外她通过认真完成"SDS 霍兰德职业倾向测验量表"帮助自己真正地了解了自己的优势、劣势、性格特征，并把它们清晰地表达出来，真正地了解了自己。接下来该毕业生进行了职业探索，主要运用静态的资料接触法、生涯人物访谈法、参与真实情境法，针对企业 IT 助理、企业前台服务两种不同岗位进行全方位探索。最后根据 CIP 理论的 CASVE 循环，运用决策平衡单工具，该毕业生做出了职业选择。

思考题

（1）如何发现自己的职业兴趣？

（2）职业特征包括哪些？

（3）职业规划的作用。

第六章　创业机会与资源整合

通过本模块的学习，使学生了解创业机会，熟悉获得有用信息的方法，掌握识别创业机会的方法和评价标准，获取打开创新、创业之门的第一把金钥匙。

一些创业者受到外部激励而决定创业，接着搜索并识别机会，然后创建新企业；而另一些创业者却受到内部激励作用，先识别出现实问题或未满足的需求，从而通过创业来填补它。不管创业者以哪种方式进行创业，识别创业机会都是一个关键的环节，识别创业机会的方法和评价标准，就是获取打开创新创业之门的第一把金钥匙。

第一节　创业策略与创业过程

一、创业模型

对于创业现象的分析始于 18 世纪中期，经过两个多世纪之后，在 20 世纪 80 年代得到迅速发展。最近十几年来，创业现象更是引起了人们的普遍关注，同时也吸引着众多学者在这一领域进行不断的探索，出现了蒂蒙斯模型、成克姆模型和萨尔曼模型等一系列创业模型。

1. 蒂蒙斯创业模型

蒂蒙斯创业模型认为成功的创业活动，必须要能将机会、创业团队和资源三者做出最适当的搭配，并且也要能随着事业发展而做出动态的平衡；创业流程由机会所提供，在组成创业团队之后取得必要的资源，创业计划方能顺利开展。

蒂蒙斯认为创业的前期机会的发掘与选择最为关键；创业初期的重点在于团队的组建，当新事业顺利启动后，才会增加对于资源的需求；蒂蒙斯的模型十分强调弹性与动态平衡，他认为创业活动随着时空变迁，机会、团队、资源等三项因素因此会发生变化而产生失衡的现象。良好的创业管理必须能及时进行调整，掌握当时的活动重心，使创业活动重新获得平衡。

蒂蒙斯认为在创业过程中，由于机会的模糊、市场的不确定性、资本市场的风险，以及外在环境的变迁等，经常影响到创业活动，使创业过程充满了风险。因此必须要依靠创业者的领导力、创造力与沟通能力来解决问题，掌握关键要素，弹性调整机会、资源、团队三个层面的搭配组合，使创业活动能够顺利进行。

蒂蒙斯模型认为，创业是一个高度动态的过程，其中机会、资源、创业团队是创业过程最紧要的驱动因素，商业机会是创业过程的核心要素，创业的核心是发现和开发机会，并利用机会实施创业。因此，识别与评估商业机会是创业过程的起点，也是创业过程中一个具有关键意义的阶段。资源是创业过程的必要支持，为了合理利用和控制资源，创业者往往要竭力设计创业战略，这种战略往往对创业企业极为重要。创业团队是创业企业的关键组织要素。

蒂蒙斯认为，创业领导人和创业团队必备的基本素质包括：较强的学习能力，能够自如地应付逆境，有正直、可靠、诚实的品质，富有决心、恒心和创造力、领导能力、沟通能力，但是最为重要的是团队要具有柔性，能够适应市场环境的变化。

蒂蒙斯模型的特点是，三个核心要素构成一个倒立的三角形，创业团队位于三角形的底部，如图 6-1 所示。在创业初始阶段，商业机会较大而资源较为缺乏，三角形将向左边倾斜；随着企业的发展，企业拥有较多的资源，但这时原有的商业机会可能变得相对有限，这就导致另一种不均衡。创业领导者及创业团队需要不断发现更大的商业机会，进行资源的合理运用，使企业保持合适的平衡。这三者的不断调整，最终实现了动态平衡，这就是创业企业发展的实际过程。

蒂蒙斯模型始终强调三要素间的动态性、连续性和互动性。

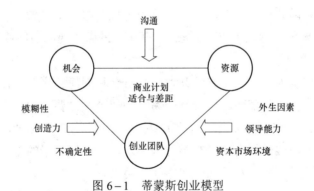

图 6-1 蒂蒙斯创业模型

2. 威克姆创业模型

威克姆创业模型如图 6-2 所示。该模型的含义如下：① 创业活动包括创业者、机会、组织和资源四个要素，这四要素互相联系；② 创业者的主要任务就是有效处理机会、资源和组织之间的关系，实现要素间的动态协调和匹配；③ 创业过程是一个不断学习的过程，而创业型组织是一个学习型组织，通过学习，不断变换要素间的关系，实现动态性平衡，成功完成创业。

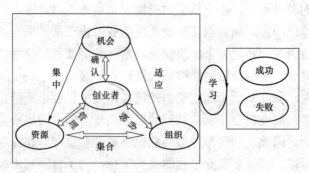

图 6-2　威克姆创业模型

此模型表明，创业者处于创业活动的中心。创业者在创业中的职能体现在与其他三个要素的关系上，即识别和确认创业机会；管理创业资源；领导创业组织。

该模型还揭示了资源、机会、组织三要素之间的相互关系。资本、人力、技术等资源要集中用于机会上，并且要控制资源的成本和风险；资源的集合形成组织，包括组织的资本结构、组织结构、程序和制度，以及组织文化；组织的资产、结构、程序和文化等形成一个有机的整体，来适应组织发现的机会。为此，组织需要根据机会的变化而不断调整。此外，该模型还揭示了组织是一个学习型组织。也就是说，组织不仅需要对机会和挑战做出反应，而且还要根据这种反应的结构来调整和修正未来的反应，即组织的资产、结构、程序、文化等要随着组织的发展而不断改进，组织在不断的成功与失败中得到学习与锻炼，从而获得更大的成功，得以发展壮大。

威克姆模型的特点主要是，将创业者作为调节各个要素关系的重心，经过对机会的确认，管理资源并带领团队实施创业活动，在这个过程中组织不断加强学习，使创业者能够根据机会来集中所需资源，使组织适应机会的变化，进而实现成功创业。

3. 萨尔曼创业模型

萨尔曼创业模型认为，为了更好地开发商业机会和创建新企业，创业过程是创业者必须把握人和资源、机会、外部环境以及其交易行为四个关键要素的相互协调，相互促进的过程，如图 6-3 所示。该模型强调环境的重要性，认为其他三个创业因素来源于环境并反过来影响环境。另外，该模型考虑了交易行为因素，交易行为指的是创业者与资源供应者之间的直接或间接关系，即与利益相关者之间的关系。

萨尔曼模型强调了要素之间的适应性，并扩展了要素的外延，为创业实践提供理论支持，同时为创业过程的研究开阔了新的视野。

二、创业者的策略

创业的基本策略包括以下七个方面：

（1）方向：方向是创业和发展的第一个重要指标。方向不是目标，目标有终点，而方向永远没有终点。对于大学生和创业者而言，方向是非常重要的。有了方向，目标就会更加清晰，也可以更加有效地去管理目标。

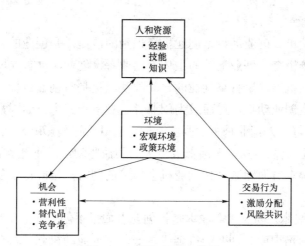

图 6-3 萨尔曼创业模型

（2）目标：当明确方向以后，最重要的不是先掌握方法，而是先明确目标。大学生可以分成两类：一类是上学就有明确目标的，这些人在上学期间，除了正常的学习，还会围绕自己的目标去学习和提升；还有一类是上学没有明确目标的，有的甚至上完了还没有目标，为了上学而上学，不知道将来干什么。大学生应尽早给自己确定一个目标，以便在进入社会后更快更好地步入正轨。

（3）意愿：有了方向和目标以后，最重要的不是马上去找方法，而是要先解决自己的意愿问题。意愿就是一个人为了实现目标而付诸行动的决心，它是行动力的根源。当一个人具备了很好的方向、目标和意愿以后，他就具备了创业的基本条件。

（4）方法：为了实现目标而寻求正确的方法是非常重要的。获取正确方法的前提是目标和意愿的存在；一个人有了明确的目标和实现目标的意愿，他就会在实现目标的过程中，力求以最恰当的方法来实现目标。

（5）毅力：在实现目标的过程中总会遇到一些困难或阻碍，这时需要用毅力去战胜困难和阻碍，坚持并取得突破。

（6）成果：成果标志着一个人已经具备了完成目标的能力，也意味着他可以去挑战更高的目标。

（7）自我观察：创业者需要自我观察，可以将任何事情的组成简化为：目标—过程—结果。而对于一个有目标的人，问题肯定会出现在过程中，所以一旦感觉有问题，就可以马上用这个工具进行判断，正在进行的过程和计划与实现的目标是否一致，能否产生结果，问题出现在哪里，这样就可以找到问题，寻找解决问题的办法，并最终达成结果。

三、创业过程的阶段

创业过程涉及从产生创业的想法到创建新企业并获取回报，涉及识别机会、组建团队、寻求融资等方面内容。因此，创业过程可大致划分为机会识别、资源整合、创办新企业、新企业生存和成长四个主要阶段。

1. 机会识别阶段

（1）产生创业动机。创业动机是创业机会识别的前提，是创业的原动力，它推动创业者去发现和识别市场机会。创业活动的主体是创业者，创业活动首先取决于个人是否希望成为创业者。创业动机不仅是打算创业的一时冲动，更是对创业目标与预期收益的深思熟虑。一个人能否产生创业动机，进而成为创业者，受下列三个方面因素的影响：

1）个人特质。每个人创业精神的强度不同，它既受遗传影响，又受环境影响。

2）创业机会。创业机会的增多会形成巨大的利益驱动，促使更多的人去创业，经济发展转型和技术进步等多方面因素会使创业机会增多的同时，也降低了创业门槛，有利于形成更大的创业热潮。

3）创业的机会成本。创业机会成本是指创业者如果不创业而是从事其他工作，他们获得的收入和需求的满足程度。创业的机会成本低，则创业动机强，机会成本高，则创业动机相对弱。

（2）识别创业机会。识别创业机会是对可能的创业机会及其预期结果的分析与判断，包括发现机会和评价机会价值。识别创业机会是创业过程的核心，需要考虑的问题包括：第一，机会来自哪里？或者说创业者应该从何处识别创业机会；第二，什么人更易于发现机会？为什么某些人能发现创业机会而其他人却不能？或者说哪些因素影响或者决定了创业者识别机会；第三，人们通常通过什么形式或途径去识别机会？是经过系统地搜集和周密地调查研究还是偶然的发现？第四，是否所有的机会都有助于创业者开展创业活动并创造价值？

围绕这些问题可以看到，创业者在识别创业机会阶段需要采取的活动。为了识别机会，创业者可能需要多交朋友，并经常与合作者交流沟通，这样做有助于创业者更广泛地获取信息。创业者还需要细心观察，从以往的工作和周边的事物中发现问题，寻找机会。

2. 资源整合阶段

资源是创业的基础性条件，整合资源是创业者开发机会的重要手段，强调整合资源，是因为创业者可以直接控制的资源往往很少，许多成功的创业者都有白手起家的经历。因此，对创业者来说，需要整合外部资源，以有效地用于实现自己的创业目标。

人、财、物是任何生产经营单位都要具备的基本生产要素，创业活动也是如此。对发现了创业机会并打算创业的创业者来说，想要成就一番事业，就要组建团队，凝聚一批志同道合的人。创业者所要整合的另一种十分重要的资源就是资金。不少创业者在创业初期乃至新企业成长的很长一段时间里，需要把主要的精力投入到融资的努力中。此外，创业者还需要围绕创业机会设计清晰且有吸引力的商业模式，向潜在的资源提供者展示，往往还需要制定详细的创业计划。

3. 创办新企业阶段

新企业的创建和新事业的诞生是衡量创业者创业行为的直接标志。创建新企业有很多事情要处理，包括公司制度设计、经营地址选择、企业注册、确定进入市场途径等。有时要在是创建新企业还是收购现有企业进入市场的不同途径之间进行选择。对公司内部创业活动来说，可能没有公司制度设计问题，但同样要设计奖罚机制、制定利益分配原则；可能没有企业注册问题，但同样要有资金投入及预算控制等问题。

4. 成长阶段

（1）实现机会价值。创业者整合资源，创建新企业的目的是实现机会价值，并通过实现机会价值来实现自己的创业目标。这是创业过程中的重要环节，确保新创建的企业生存是创业者必须要面对的挑战，但创业者不能仅仅考虑生存，同时还要考虑成长。不成长就无法生存得更好，在激烈竞争的环境中尤其如此。创业者需要了解企业成长的一般规律，预见企业不同成长阶段可能面临的问题，采取有效的措施予以防范和解决，使机会价值得到充分的实现，同时不断地开发新的机会，把企业做活、做大、做强、做长。

（2）收获创业回报。对回报的正当追求是创业活动的目的，有利于强化创业者对事业的执着。对创业者来说，创业是获取回报的手段和途径，是一种载体。回报可能是多种多样的，对回报的满意程度在很大程度上取决于创业者的创业动机。比如，为了实现职业理想的创业动机与为了追求物质财富的创业动机回报满意度是不一样的。

第二节　创业机会的识别

一、案例导入

平地一声起惊雷　执着梦想向前冲

——科教网总编辑李伟伟的创业智慧

2008 年，在网络浪潮的冲击下，平面媒体的一些弊端很明显地露出端倪，并且开始局限了新闻传媒事业的发展。极具洞察力的李伟伟，在多次给报社领导建言无果的情况下，决定在网络媒体的运营中拥有自己的话语权。2009 年 2 月 11 日，李伟伟应邀参加西安市科协七届三次全委会，会议休息时间，李伟伟准确把握时机，采访了时任西安市科协主席的第四军医大学校长樊代明院士，正是这次成功的采访彻底改变了他的生活。樊院士的精品战略思想给了李伟伟方向与力量，直接影响和指引着他坚定了此前的想法，毅然决然走上自主创业之路。李伟伟独到的新闻敏感性和职业精神，也彻底打动了樊代明院士，他亲自为李伟伟题词："永远向前走，否定到最后"。在之后的多次采访和接触中，樊院士的精品战略思想和科学精神让他的心中燃烧起了一种信念：一定要做一件有利于民族的事情，有利于科教兴国的事情！于是，创建科教网就在他的心中酝酿开了。

李伟伟创建科教网的过程是一路艰辛一路歌。组织团队、策划方案、开发程序、修改完善，一切都按照他的计划有条不紊地进行着。科教网开发之初，他几乎没有赚钱，可他还是义无反顾地坚持着。"科教兴国，是一个永恒的话题，科教网的定位和信念是对中国文明进步的奉献。我为科教网正从事的崇高事业感到自豪和骄傲。"阳光自信的李伟伟用他积极的光芒，感染着身边的每一个人。

2009 年 9 月，筹备半年之久的科教网终于成功上线了，大家一片欢声笑语，一片感慨，激动的泪水湿润了眼睛。

"今天我搞科教网，不是给我个人的，我们有两个工程，让中国科学家富起来的伟大工程和打造科教网富翁团队工程。"李伟伟掷地有声地说，"我们以打造中国科教第一门户网站为自己的奋斗目标，并且立志要将科教网的团队打造成一个富翁团队。"这是李伟伟的梦想，也是每一个与科教网同生共长的伙伴们最大的心愿。

三年多的风雨洗礼，科教网经历从无到有、从小到大、从弱到强，无数次改善与提升之后，如今已在行业内颇有名气，为其倾注大量心血和努力的李伟伟可谓事业有成。但他并未就此满足，李伟伟就像一个宣传战士，走到哪里科教网就宣传到哪里，他说，"科教网目前还很弱小，但不孤单，虽然很小，却很坚韧，虽然弱，但有强者呵护，科教网的价值在于用心服务、用心交往，能达到一呼百应！"在李伟伟及其团队的缔造下，科教网的知名度和美誉度正一步步提升。

李伟伟是一个为梦想执着向前的人。他用睿智的头脑思考，用敏锐的眼睛发现，用善良的心灵抒写，将科教强国战略传遍千家万户！

二、了解创业机会

一些创业者受到外部激励而决定创业，接着搜索并识别机会，然后创建新企业；而另一些创业者却受到内部激励作用，先识别出现实问题或未满足的需求，从而通过创业来填补它。不管创业者以哪种方式进行创业，识别创业机会都是一个关键的环节。

（一）什么是创业机会

创业机会是指在市场经济条件下，在社会经济活动过程中形成和产生的一种有利于企业经营成功的因素，是一种带有偶然性并能被经营者认识和利用的契机。

大多数创业者都是把握了创业机会从而成功创业，例如，蒙牛的牛根生看到了乳业市场的商机，好利来的罗红看到了蛋糕市场的商机。在现实生活中，这样的例子不胜枚举。但是，仅有少数创业者能够把握创业机会从而成功创业，一旦创业成功，不仅会改变人们的生活和休闲方式，甚至还会创造出新的产业。随着人们对创业机会价值潜力的探索，会逐渐衍生出一系列的商业机会，从而滋生出更多的创业活动，帮助创业者开启财富之门。

（二）创业机会的类型

好的创业机会，必然具有特定的市场定位，专注于满足顾客需求，同时能为顾客带来增值的效果。一般来说，创业机会有以下几种类型。

1. 现有市场机会和潜在市场机会

现有市场机会是市场机会中那些明显未被满足的市场需求，往往发现者多，进入者也多，竞争势必激烈。潜在市场机会是那些隐藏在现有需求背后的、未被满足的市场需求，不易被发现，识别难度大，往往蕴藏着极大的商机。

2. 行业市场机会与边缘市场机会

行业市场机会是指在某一个行业内的市场机会，发现和识别的难度系数较小，但竞争激烈成功的概率低。边缘市场机会是在不同行业之间的交叉结合部分出现的市场机会，处于行业与行业之间出现"夹缝"的真空地带，很难发现，需要有丰富的想象力和大胆的开拓精神，一旦开发，成功的概率也较高。

3. 目前市场机会与未来市场机会

目前市场机会是那些在目前环境变化中出现的机会。未来市场机会是通过市场研究和预测分析它将在未来某一时期内实现的市场机会。若创业者提前预测到某种机会会出现，就可以在这种市场机会到来前早做准备，从而获得领先优势。

4. 全面市场机会与局部市场机会

全面市场机会是指在大范围市场出现的未满足的需求，在大市场中寻找和发掘局部或细分市场机会，拾遗补阙，创业者就可以集中优势资源投入目标市场，有利于增强主动性，减少盲目性，增加成功的可能。局部市场机会则是在一个局部范围或细分市场出现的未满足的需求。

大学生成功创业案例一

北京易得方舟信息技术有限公司

北京易得方舟信息技术有限公司是由清华大学学生于 2009 年创建的，它是国内第一家由在校大学生创业、吸引风险投资创办的互联网公司。FanSo 作为 ICP（因特网内容提供商）公司开辟了"新闻在线""环球影视""啸林书院""打开音乐""游戏辞海"和"我的家"等频道，FanSo 还提出了一套全新的"CampusAge 中国高校电子校园解决方案"，为加速中国高校校园电子化建设进程服务。FanSo 已经从一个不到 10 人的创业团队发展成为拥有 100 余名员工的初具规模的商业公司，2010 年再次成功融资 660 万，其页面浏览量已经突破 250 万，在四个月内就成长为教育网内最大的站点。

就其案例自身来看，他的成功有以下几个方面：FanSo 的创业理念就是源于校园、服务学生，其业务内容跟大学生的生活息息相关。FanSo 的创业模式和创业的切入点可以说是很有特色的：一是它抓住了互联网发展的契机，互联网是个新生事物，它是一种有效的载体和工具，理论和实践同时表明 ICP 是一种重要的基于互联网的经营模式，创业者作为在校大学生对互联网具有灵敏的感悟，他们既能认识到互联网的发展方向，又发挥了自己的长处，是利用新经济机遇的一种典型；二是它以学生和校园为主要服务对象，以大学为业务背景，这是创业者更主要的长项，他们本身作为在校大学生对大学生的需求和心理有着深刻的感受和理解，又有年轻人特有的朝气、灵敏果敢和想象力，同时他们利用丰富的学校资源，FanSo 已经与多家高校开展了各种形式的合作；三是 FanSo 引进了风险投资，风险投资在我国还是一个比较新鲜的事物，但对于创业初期的公司尤其是 ICP 公司的重要作用是显而易见的。

大学生创业成功案例二

胡启立是武汉科技学院电信学院应届本科毕业生，红安农村人。4 年前，他借债上大学。在大学期间，他打工、创业，不仅还清了债务，为家里盖起了两层洋楼，自己还在武汉购房买车，拥有了自己的培训学校。

他创业走过了怎样一条路？学校师生对他创业又是如何看的呢？

从小收购土特产卖

胡启立 1982 年出生在红安县华河镇石咀村一个普通农家，父亲在当地矿上打工，母亲在田里忙活。

在胡启立 3 岁那年，父亲在矿上出事了，腿部严重骨折瘫痪在床，四处求医问药。三年后，父亲总算能下地走路了，可再也不能干重活累活。为给父亲看病，家里几乎家徒四壁。

胡启立的父亲不能下地干活，只得开了家小卖部，卖些日用品。胡启立小小年纪就经常跑进跑出"添乱又帮忙"，也正是因为这个原因，他从小就接触到了买和卖。

慢慢长大了，胡启立在商业方面开始显才。全村 20 多个同龄小孩，他的年龄和个头都不是最大的，但却是"领袖"，他经常带着同伴们去挨家挨户收购土特产，如蜈蚣、桔梗、鳝鱼等，卖到贩子手上，挣些零花钱。

2002 年，胡启立读高中，学习成绩还不错，正在读高一的弟弟辍学外出打工，给哥哥赚学费。胡启立心里很不是滋味，心中暗暗发誓，一定要考上大学，让家里人过上好日子。

胡启立说，他从那时就开始规划自己的大学生活：大一好好学习，尽量多去学点东西，从大二开始，寻找机会挣钱，力争大学毕业的时候，自己能当上老板。

高考时，他本打算报考一所商学院，却遭到家人的反对，好在他对电子也有兴趣，最后选择了武汉科技学院电子信息工程专业。

贴海报发现校园商机

2002 年 9 月，胡启立带着对大学生活的憧憬和从姑姑那借来的 4000 元学费，到武汉科技学院报到。

进校后，胡启立感觉大学生活比高中生活轻松多了，空闲时间也多，他利用这些空闲时间逛遍了武汉所有高校，也熟悉了武汉的环境，这为他的下一步创业打下了基础。

大学时间相对充裕，稍不注意就会养成懒散的习惯，胡启立是个闲不住的人，他决定提前走入社会，大一下学期就开始了自己的创业之路，比原定计划提前了半学期。

2003 年春季一开学，胡启立开始给一所中介机构贴招生海报，这是他找到的第一份兼职工作，并且交了 10 元钱会费。

"贴一份 0.20 元，贴完了来结账。"中介递给他一沓海报和一瓶糨糊，胡启立美滋滋地开始往各大校园里跑。

"贴海报，看起来容易，其实很难做的。"胡启立没想到贴份海报，还要受人管，一些学校的保安轻者驱赶一下，严重的会辱骂甚至动手。

3天后，胡启立按规定将海报贴在了各个校园，结账获得25元报酬。同行的几人嫌少，都退出了，而胡启立却又领了一些海报，继续干起来。不过，他心里也开始在想别的门道了。

一次，他在中国地大附近贴海报时，看到一家更大的中介公司，就走了进去，在那里遇到一位姓王的年轻人。

王某是附近一所大学的大四学生，在学校网络中心搞勤工俭学。几个学生商量，能不能利用网络中心的计算机和师资，面向大学生搞计算机培训。网络中心同意了，但要求学生们自己去招生。

"只要你能招到生源，我们就把整个网络中心的招生代理权交给你。"王某慷慨地说。胡启立想，发动自己在武汉的同学帮忙，招几个人应该是没问题，就满口应承下来。

做招生宣传要活动经费，胡启立没有经验，找几个要好的同学商量，结果大家都不知道要多少钱。有的说要5000元，有的说要2000元，最后胡启立向王某提出要1800元活动经费，没想到王某二话没说，就把钱给了他。

胡启立印海报，买糨糊，邀请几个同学去各个高校张贴，结果只花了600元钱，净落1200元。这是他挣到的第一笔钱。

尽管只花了600元钱，但招生效果还不错，一下子就招到了几十个人。然而，这些学生去学计算机时却遇到了麻烦，因为动静搞大了，学校知道了这个事情，叫停了网络中心的这个计算机培训班。胡启立几次跑到网络中心，都没办法解决这个事情。他无意间发现网络中心楼下有个培训班，也是搞计算机培训的，能不能把这些学生送到那去呢？对方一听说有几十个学生要来学计算机，高兴坏了，提出给胡启立按人头提成，每人200元。非常意外地，胡启立一下子拿到了数千元钱。

胡启立在大学期间，学校也为他创业提供了帮助，从院长到老师，都为其创业和学习付出了更多心血。由于忙于创业，耽误了一些课程，学校了解他的特殊情况后，特事特办，按规定允许他部分课程缓考。班主任杜勇老师谈起自己的这个特殊学生，也连说："我带过很多学生，但胡启立是其中最特别的，创业取得的成绩也较大。"他认为在现在大学生就业形势整体不太好的前提下，大学生自主创业，不仅解决了自己的就业问题，做得好的话还可以为别人提供岗位。"但要是能兼顾学业就更好了。"

三、识别创业机会的方法

识别创业机会一半是艺术，一半是科学。我们应该并且能够学习的就是创业机会识别的科学规律。要想寻找到合适的创业机会，创业者必须识别或辨别创业机会，那么如何识别创业机会呢？

1. 着眼于问题发现机会

机会并不意味着无需代价就能获取，许多成功的企业都是从解决问题起步的。所谓的问题，就是现实与理想之间的差距。比如，顾客需求在没有满足之前就是问题，而设法满足这一需求，就是抓住了市场机会。

创业案例

从发现问题中创业——胡润的富豪榜

胡润，1970年出生在卢森堡。就读于英国杜伦大学，专业学的是中文。1990年到中国留学，后来留在安达信会计师事务所上海分部工作，成为一名会计师。但是，胡润遇到了一件麻烦事，每次休假回到英国，大家都会很好奇地问他，中国什么样？这个问题看似简单，不过还真是难回答，关键是没有标准，偌大一个中国，五千年历史，十三亿人口，给你说什么呢？胡润为了这个事特别烦恼，你一个在中国留学的人，连这么个简单的问题都回答不了，你这个学上到哪里去了。每次回国，胡润都要受这种刺激。1999年，当时正好是中华人民共和国成立50周年，他想，如果给你介绍50个中国特别成功的人，不就可以让你知道新中国成立50年来的变化吗？基于这样的想法，胡润后来推出了富豪榜。

2. 利用变化把握机会

变化中常常蕴藏着无限商机，许多创业机会产生于不断变化的市场环境。环境变化将带来产业结构的调整、消费结构的升级、思想观念的转变、政府政策的变化、居民收入水平的提高等。任何变化都能激发新的创业机会，需要创业者凭着自己敏锐的嗅觉去发现和创造。许多很好的商业机会并不是突然出现的，而是对"先知先觉者"的一种回报。聪明的创业者往往选择在最佳的时机进入市场，当市场需求爆发时，他已经做好准备等着接单。

3. 在市场夹缝中把握机会

创业机会存在于为顾客创造价值的产品或服务中，而顾客的需求是有差异的。创业者要善于找出顾客的特殊需要，盯住顾客的个性需要并认真研究其需求特征，这样就可能发现和把握商机。当下，创业者热衷于开发所谓的高科技领域等热门课题，但创业机会并不只属于"高科技领域"，在金融、保健、饮食、流通这些所谓的"低科技领域"也有机会。随着打火机的普及，火柴慢慢退出了人们的视线，而创业者沈子凯却在这个逐渐被人淡忘的老物件里找到了新商机，他创造的"纯真年代"艺术火柴红遍大江南北。还有为数不少的创业者追求向行业内的最佳企业看齐，试图通过模仿快速取得成功，结果使得产品和服务没有差异，众多企业为争夺现有的客户和资源展开激烈竞争，企业面临困境。所以，创业者要克服从众心理和传统习惯思维的束缚，寻找市场空白点或市场缝隙，从行业或市场在矛盾发展中形成的空白地带把握机会。

4. 跟踪技术创新把握机会

世界产业发展的历史告诉我们，几乎每一个新兴产业的形成和发展，都是技术创新的结果。产业的变更或产品的替代，既满足了顾客需求，同时也带来了前所未有的创业机会。任何产品的市场都有其生命周期，产品会不断趋于饱和达到成熟直至走向衰退，最终被新产品所替代，创业者如果能够跟踪产业发展和产品替代的步伐，通过技术创新就能够不断寻求新的发展机会。

创业案例

靠技术创新创业的王传福

王传福是比亚迪股份有限公司董事局主席兼总裁、比亚迪电子（国际）有限公司主席。

在他创业初期，日本充电电池一统天下，国内的厂家多是买来电芯搞组装，利润少，经过认真思考，王传福决定依靠自身技术研究优势，从一开始就把目光投向技术含量最高、利润最丰厚的充电电池核心部件——电芯的生产。

再加上利用成本上的优势，通过一些代理商，比亚迪公司逐步打开了低端市场。经过努力，比亚迪的总体成本比日本对手低了 40%。为进驻高端市场，争取到大的行业用户和大额订单，比亚迪不断优化生产工艺、引进人才，并购进大批先进设备，集中精力搞研发，使电池品质稳步提升。王传福还经常出国参加国际电池展示会，直接与能下大订单的摩托罗拉等大客户接触。在获得了客户的认可之后，公司的订单源源不断。

王传福也坦言，"没有先进的技术，品质不够好，自主品牌是做不起来的"。王传福表示，2013 年，比亚迪将在三年调整收官的基础上进行二次腾飞。而腾飞的基础即是技术，"2013 年我们在上海车展会发布一个世界级的技术，叫绿混技术"。该技术的主要特点就是把现在使用的铅酸蓄电池替换为铁电池；延长电池寿命达到 10 年；将电池电压由现在的 12 伏提升至 48 伏；推广启停和制动回收技术等。"此外，我们在 2014 年北京车展还会发布一个更震撼的技术——尖端驱动技术，用四个轮边电机真正做到全球第一辆独立的四轮驱动。"

5. 捕捉政策变化把握机会

中国市场受政策影响很大，新政策出台往往引发新商机，如果创业者善于研究和利用政策，就能抓住商机站在潮头。2006 年国家出台了新的汽车产业政策，鼓励个人、集体和外资投资建设停车场。

6. 弥补对手缺陷发现机会

很多创业机会就是缘于竞争对手的失误而"意外"获得的，如果能及时抓住竞争对手策略中的侧漏而大做文章或者能比竞争对手更快、更可靠、更便宜地提供产品或服务，也许就找到了机会。因此，创业者可追踪、分析和评价竞争对手的产品或服务，找出产品或服务存在的缺陷，有针对性地提出改进产品的方法，形成创意，并开发具有潜力的新产品或新功能，以期达到出其不意的效果，从而成功创业。

四、创业机会的评价

创业机会的评价对创业者来说非常重要，它是创业活动的一个重要的中间环节，是连接机会识别和机会开发的纽带。创业者只有对识别到的机会进行正确、客观的评价，才能有利于机会的开发和实现，才能提高创业成功的概率。

（一）创业机会评价的内容

在发现创业机会后，创业者应该以比较客观的方式对其进行评价，评价的准则包括市场评价和效益评价两种。

1. 市场评价

（1）市场定位。评估创业机会的时候，可由市场定位是否明确、顾客需求分析是否清晰、顾客接触通道是否流畅、产品是否持续衍生等，来判断创业机会可能创造的市场价值，创业带给顾客的价值越高，创业成功的机会也越大。

（2）市场结构。对创业机会的市场结构进行五项分析：进入障碍，供货商、顾客、经销商的谈判力量，替代性产品的威胁和市场内部竞争的激烈程度，由此可知该企业在未来市场中的地位，以及可能遭遇竞争对手反击的程度。

（3）市场规模。市场规模大者，进入障碍相对较低，市场竞争激烈程度也会略为下降。若要进入的是一个十分成熟的市场，那么利润空间会很小，不值得再进入；若是一个成长中的市场，只要时机正确，必然会有获利的空间。

（4）市场渗透力。对于一个具有巨大市场潜力的创业机会，市场渗透力评估将会是非常重要的。应该知道选择在最佳的时机进入市场，也就是市场需求正要大幅增长之际。

（5）市场占有率。一般而言，要成为市场的领导者，最少需要拥有 20%以上的市场占有率，若市场占有率低于 5%，则这个新企业的市场竞争力就不高，自然也会影响未来企业上市的价值，尤其是处在具有赢家热衷特点的高科技产业，新企业必须拥有成为市场前几个的能力，才比较有投资价值。

（6）产品的成本结构。从物料与人工成本所占比重之高低、变动成本与固定成本的比重，以及经济规模产量大小，可以判断企业创造附加价值的幅度以及未来可能的获利空间。

2. 效益评价

（1）合理的税后净利。一般而言，具有吸引力的创业机会，至少需要能够创造 15%以上税后净利。如果创业预期的税后净利是在 5%以下，那么这就不是个很好的投资机会。

（2）达到损益平衡所需的时间。合理的损益平衡时间应该在两年之内达到，如果三年还达不到，恐怕就不是个值得投入的创业机会了。当然，有的创业机会确实需要经过比较长的耕耘时间，通过前期投入，创造进入障碍，保证后期的持续获利，这样的情况可将前期投入视为投资，才能容忍较长时间的损益平衡时间。

（3）投资回报率。考虑到创业面临的各种风险，合理的投资回报率应该在 25%以上，而 15%以下的投资回报率是不值得考虑的创业机会。

3. 资本需求

资本需求量较低的创业机会，投资者一般会比较欢迎，资本额过高其实并不利于创业成功，甚至还会带来稀释投资回报率的负面效果。通常，知识越密集的创业机会，对资金的需求量越低，投资回报反而会越高。因此在创业开始的时候，不要募集太多资金，最好通过盈余积累的方式来创造资金，而比较低的资本额，将有利于提高每股盈余，并且还可以进一步提高未来上市的价格。

（二）创业机会评价的方法

尽管发现了创业机会，但这并不意味着要创业，更不意味着成功就在眼前。创业活动是创业者与创业机会的结合，并非所有的创业机会都有足够大的价值潜力来填补为把握机会所付出的成本，也并非所有机会都适合每个人。

尽管在整个创业过程中，评价创业机会非常短暂，但它非常重要，是创业者发现创业机会之后做出是否创业决策的重要依据。

国外很多学者通过建立创业机会评价体系来客观定性描述创业机会。例如，"创业教育之父"蒂蒙斯的创业机会评价框架，涉及行业和市场、经济因素、收获条件、竞争优势、管理团队、致命缺陷问题、个人标准、理想与现实的战略差异等 8 个方面的 53 项指标（见表 6-1），是最全面的创业机会评价的指标体系，可作为创业机会评价指标库。

表 6-1　　　　　　　　　　　　创业机会评价的指标体系

行业和市场	1. 市场容易识别，可以带来持续收入 2. 顾客可以接受产品或服务，愿意为此付费 3. 产品的附加价值高 4. 产品对市场的影响力高 5. 将要开发的产品生命长久 6. 项目所在的行业是新兴行业，竞争不完善 7. 市场规模大，销售潜力达到 1000 万～10 亿 8. 市场成长率在 30%～50%，甚至更高 9. 现有厂商的生产能力几乎饱和 10. 在 5 年内能占据市场的领导地位，达到 20% 以上 11. 拥有低成本的供货商，具有成本优势
经济因素	1. 达到盈亏平衡点所需要的时间在 1.5～2.0 年以下 2. 盈亏平衡点不会逐渐提高 3. 投资回报率在 25% 以上 4. 项目对资金的要求不是很大，能够获得融资 5. 销售额的年增长率高于 15% 6. 有良好的现金流量，能占到销售额的 20%～30% 以上 7. 能获得持久的毛利，毛利率要达到 40% 以上 8. 能获得持久的税后利润，税后利润率要超过 10% 9. 资产集中程度低 10. 运营资金不多，需求量是逐渐增加的 11. 研究开发工作对资金的要求不高
收获条件	1. 项目带来的附加价值具有较高的战略意义 2. 存在现有的或可预料的退出方式 3. 资本市场环境有利，可以实现资本的流动
竞争优势	1. 固定成本和可变成本低 2. 对成本、价格和销售的控制较高 3. 已经获得或可以获得对专利所有权的保护 4. 竞争对手尚未觉醒，竞争较弱 5. 拥有专利或具有某种独占性 6. 拥有发展良好的网络关系，容易获得合同 7. 拥有杰出的关键人员和管理团队
管理团队	1. 创业者团队是一个优秀管理者的组合 2. 行业和技术经验达到了本行业内的最高水平 3. 管理团队的正直廉洁程度能达到最高水准 4. 管理团队知道自己缺乏哪方面的知识
致命缺陷问题	不存在任何致命缺陷问题

续表

个人标准	1. 个人目标与创业活动相符合 2. 创业家可以做到在有限的风险下实现成功 3. 创业家能接受薪水减少等损失 4. 创业家渴望进行创业这种生活方式，而不只是为了赚大钱 5. 创业家可以承受适当的风险 6. 创业家在压力下，状态依然良好
理想与现实的 战略差异	1. 理想与现实情况相吻合 2. 管理团队已经是最好的 3. 在客户服务管理方面有很好的服务理念 4. 所创办的事业顺应时代潮流 5. 所采取的技术具有突破性，不存在许多替代品或竞争对手 6. 具备灵活的适应能力，能快速地进行取舍 7. 始终在寻找新的机会 8. 定价与市场领先者几乎持平 9. 能够获得销售渠道，或已经拥有现成的网络 10. 能够允许失败

 案例

大学生创业成功案例

陈生毕业于北京大学，十多年前放弃了自己在政府中让人美慕的公务员职务后毅然下海，倒腾过白酒和房地产，打造了"天地壹号"苹果醋，在悄悄进入养猪行业后，在不到两年的时间在广州开设了近100家猪肉连锁店，营业额达到2个亿，被人称为广州千万富翁级的"猪肉大王"。

不完全统计数字显示，目前我国大学生创业成功率则只有2%~3%，有97%~98%的大学生创业失败，专业人士分析，缺乏相关的创业教育和实战经验、缺乏"第一桶金"等都是其中的重要原因之一。然而，对于成功创业的大学生来说极为重要的实战经验及"第一桶金"都是"天上掉下来的"吗？为什么陈生在不到两年的时间里进入养猪行业，就能在广州开设近100家猪肉连锁店，营业额达到2个亿？这个问题，的确值得好好追问。

实际上，之所以能在养猪行业里很短时间就能取得骄人成绩，成为拥有数千名员工的集团的董事长，还在于陈生此前就经历的几次创业的"实战经验"：陈生卖过菜，卖过白酒，卖过房子，卖过饮料。这使得陈生有着这样的独到的见解：很多事情不是具备条件、做好了调查才去做就能做好，而是在条件不充分的时候就要开始做，这样才能抓住机会。

然而，"条件不充分"时到底怎么才能"抓住机会"呢？我们来看一下陈生的做法：他卖白酒时，根本没有能力投资数千万设立厂房，可是他直接从农户那里收购散装米酒，不需要在固定设施上投入一分钱便可以通过广大的农民帮他生产，产能却可以达到投资5000万的工厂的数倍。此后，他才利用积累起来的资金开始租用厂房和设施，打造自己的品牌，迅速地进入和占领市场，让他在白酒市场上打了个漂亮仗。而当许多人"跟风"学习一位到南方视察的国家领导人用陈醋兑雪碧当饮料的饮食方法时，善于"抓住机会"的陈生想到了如何将这种饮料生产出来。经过多次尝试，著名的"天地壹号"苹果醋就此诞生。

当然，资金积累到一定程度时，陈生成功的秘诀更让人难忘：在经济飞速发展的年代，无数企业"抓破脑袋"寻求发展良机，在这样的情况下，只有技高一等者才能够取得成功。而一些企业运用精细化营销，就是一种技高一等的做法。于是，从传统的中国猪肉行业里，陈生分析到了其中的巨大商机，因为中国每年的猪肉消费约 500 亿公斤，按每公斤 20 元算，年销售额就高达上万亿。而与其他行业相比，猪肉这个行业一直没有得到很好的整合，基本上没有形成像样的产业化，竞争不强，档次不高，机会很多。更重要的是，进入这一行业的陈生，机智地率先推出了绿色环保猪肉"壹号土猪"，开始经营自己的品牌猪肉。

虽然走的还是"公司＋农户合作"的路子，但针对学生、部队等不同人群，却能够选择不同的农户，提出不同的饲养要求，比如，为部队定制的猪可肥一点，学生吃的可以瘦一点，为精英人士定制的肉猪，据传每天吃中草药甚至冬虫夏草，使公司的生猪产品质量与普通猪肉"和而不同"。在这样的"精细化营销"战略下，陈生终于在很短的时间内叫响了"壹号土猪"品牌，成为广州知名的"猪肉大王"。

第三节　创业资源整合

一、创业资源的概念与类型

从内容方面看，创业资源可以分为人力资源、信息资源、财务资源、实物资源、技术资源和组织资源。创业者能否成功地开发出机会，进而推动创业活动向前发展，通常取决于他们掌握和能整合到的资源，以及对资源的利用能力。许多创业者早期所能获取与利用的资源都相当匮乏，而优秀的创业者在创业过程中所体现出的卓越创业技能之一，就是创造性地整合和运用资源，尤其是那种能够创造竞争优势，并带来持续竞争优势的战略资源。

案例导入

陕西利安集团公司高速发展之路

陕西利安集团公司致力于电子服务、电子商务、通信、数据加密、自动化交易系统、计算机软件等领域产品的研发、生产、销售和服务，是电子商务、电子政务、公共信息服务系统、呼叫中心、社区服务等解决方案的供应商，参与了电子服务国家行业标准的独家起草，不久将为我国的电子服务产业提供统一的规范。"利安社区电超市"品牌已通过了国家工商总局注册，并在全国许多城市设立了统一为"利安"名称的省级分公司，在国内的通信行业领域树立了良好的口碑。

利安公司自成立以来，秉承技术开发、系统集成、项目管理、资源整合等方面的优势，自主研发了"数字化城市社区服务平台"，并获得了国家知识产权证书。本平台智能化高、分类管理、操作简单、直接硬拷贝输出，是多行业、多领域、多标准、多学科和计算机应用技术的系统集成，是一个融合当今先进的网络技术、软件开发、平台建设等高新技术的智能化平台。技术上采用自主研发和技术引进相结合，依托西安科研机构和各大院校的技术支援体系和技术资源优势，并与IBM、西安交大、清华大学、中科院等国内外著名企业和科研院所建立了战略合作伙伴关系。

利安人永远站在高科技的前沿，立足高起点，实行高标准，上规模、上档次，实现公司快速发展，为创造一个知名的国际品牌而不懈努力。公司在"诚信于客户，惠利于客户，打造共赢价值链"这一服务宗旨的引领下，坚持实施"企业搭舞台、员工展才华"的人才战略，严格贯彻执行"业务精益求精，技术不断创新，管理持续改进，服务守约诚信"的质量方针。秉承"诚信务实、合作共享、创新求变、追求卓越"的原则，立足陕西，辐射全国，全面实施"万店工程"，力争建立全国最大的电子服务提供商。诚信是基石，创新是动力，"利安"将一如既往地为各通信运营商、各大商家、厂家提供最好的综合电子服务解决方案、最大的合作渠道和最佳的服务。

公司经过数年的发展，融合不同文化，崇尚创新、提倡团队合作、不断学习的企业文化氛围，引入现代企业管理思想，采用"能者上，平者让，庸者下，劣者罢"和"事业留人，感情留人，待遇留人，机制留人"的用人机制；执行"不看资历看能力，不看文凭看水平"的用人标准；推行"不唯书，不唯上，只唯实"的工作作风；鼓励员工拥有"敬业、忠诚、勤奋、主动、自信、服从"的敬业精神，在管理中加强企业的凝聚力，充分发挥企业现有人才的潜力，使利安集团建立了一支能打硬仗的团队，为集团公司全国市场的拓展积聚了一批批有创造力、有团队精神的人才队伍。

利安集团紧跟时代脉搏，打造了适合中国国情的电子服务产业，大力发展了现代服务业，运用现代经营方式和信息技术改造提升传统服务业，提高服务业的比重和水平，探索一条新型的社区服务模式。

二、资源整合利用

创业者能否成功地开发出机会，进而推动创业活动向前发展，通常取决于他们掌握和能整合到的资源，以及对资源的利用能力。许多创业者早期所能获取与利用的资源都相当匮乏，而优秀的创业者在创业过程中所体现出的卓越创业技能之一，就是创造性地整合和运用资源，尤其是那种能够创造竞争优势，并带来持续竞争优势的战略资源。尽管与已存在的进入成熟发展期的大公司相比，创业型企业资源比较匮乏，但实际上创业者所拥有的创业精神、独特创意以及社会关系等资源，却同样具有战略性。因此，对创业者而言，一方面要借助自身的创造性，用有限的资源创造尽可能大的价值，另一方面更要设法获取和整合各类战略资源。

（一）创造性使用已有资源

创业总是和创新、创造及创富联系在一起的。许多创业者就是通过加入一些新元素，与已有的元素重新组合，形成在资源利用方面的创新行为，进而可能带来意想不到的惊喜。创业者通常利用身边能够找到的一切资源进行创业活动，有些资源对他人来说也许是无用的，但创业者可以通过自己的独有经验和技巧，加以整合创造。整合已有的资源，快速应对新情况，是创业的利器之一。创业者要善于用发现的眼光，洞悉身边各种资源的属性，将它们创造性地整合起来。这种整合很多时候甚至不是事前仔细计划好的，而往往是具体情况具体分析、"摸着石头过河"的产物。而这也正体现了创业的不确定性特性，考验了创业者的资源整合能力。

（二）步步为营

创业者分多个阶段投入资源并在每个阶段投入最有限的资源，这种做法被称为"步步为营"。步步为营的策略首先表现为节俭，设法降低资源的使用量，降低管理成本。但过分强调降低成本，会影响产品和服务质量，甚至会制约企业发展。步步为营策略表现为自力更生，减少对外部资源的依赖，目的是降低经营风险，加强对所创事业的控制。很多时候，步步为营不仅是一种做事最经济的方法，也是创业者在资源受限的情况下寻找实现企业理想目的和目标的途径，更是在有限资源的约束下获取满意收益的方法。习惯于步步为营的创业者会形成一种审慎控制和管理的价值理念，这对创业型企业的成长与向稳健成熟发展期的过渡尤其重要。

（三）发挥资源杠杆效应

尽管存在资源约束，但创业者并不会被当前控制或支配的资源所限制，成功的创业者善于利用关键资源的杠杆效应，利用他人或者别的企业的资源来完成自己创业的目的：用一种资源补足另一种资源，产生更高的复合价值；或者利用一种资源撬动和获得其他资源。其实，大公司也不只是一味地积累资源，他们更擅长于资源互换，进行资源结构更新和调整，积累战略性资源，这是创业者需要学习的经验。

对创业者来说，容易产生杠杆效应的资源，主要包括人力资本和社会资本等非物质资源。创业者的人力资本由一般人力资本与特殊人力资本构成，一般人力资本包括受教育背景、以往的工作经验及个性品质特征等。特殊人力资本包括产业人力资本（与特定产业相关的知识、技能和经验）与创业人力资本（如先前的创业经验或创业背景）。调查显示，特殊人力资本会直接作用于资源获取，有产业相关经验和先前创业经验的创业者能够更快地整合资源，更快地实施市场交易行为。而一般人力资本使创业者具有知识、技能、资格认证、名誉等资源，也提供了同窗、校友、老师以及其他连带的社会资本。

相比之下，社会资本有别于物质资本、人力资本，是社会成员从各种不同的社会结构中获得的利益，是一种根植于社会关系网络的优势。在个体分析层面，社会资本是嵌入、来自于并浮现在个体关系网络之中的真实或潜在资源的总和，它有助于个体开展目的性行动，并为个体带来行为优势。外部联系人之间社会交往频繁的创业者所获取的相关商业信息更加丰裕，从而有助于提升创业者对特定商业活动的深入认识和理解，使创业者更容易识别出常规商业活动中难以被其他人发现的顾客需求，进而更容易获得财务和物质资源——这正是其杠杆作用所在。

（四）设置合理利益机制

资源通常与利益相关，创业者之所以能够从家庭成员那里获得支持，就因为家庭成员之间不仅是利益相关者，更是利益整体。既然资源与利益相关，创业者在整合资源时，就一定要设计好有助于资源整合的利益机制，借助利益机制把包括潜在的和非直接的资源提供者整合起来，借力发展。因此，整合资源需要关注有利益关系的组织或个人，要尽可能多地找到利益相关者。同时，分析清楚这些组织或个体和自己以及自己想做的事情是否有利益关系，利益关系越强、越直接，整合到资源的可能性就越大，这是资源整合的基本前提。

利益关系者之间的利益关系有时是直接的，有时是间接的，有时是显性的，有时是隐形的，有时甚至还需要在没有的情况下创造出来。另外，有利益关系也并不意味着能够实现资源整合，还需要找到或发展共同的利益，或者说利益共同点。为此，识别到利益相关者后，逐一认真分析每一个利益相关者所关注的利益非常重要，多数情况下，将相对弱的利益关系变强，更有利于资源整合。

然而，有了共同的利益或利益共同点，并不意味着就可以顺利实现资源整合。资源整合是多方面的合作，切实的合作需要有各方面利益真正能够实现的预期加以保证，这就要求寻找和设计出多方共赢的机制。对于在长期合作中获益、彼此建立起信任关系的合作，双赢和共赢的机制已经形成，进一步的合作并不很难。但对于首次合作，建立共赢机制尤其需要智慧，要让对方看到潜在的收益，为了获取收益而愿意投入资源。因此，创业者在设计共赢机制时，既要帮助对方扩大收益，也要帮助对方降低风险，降低风险本身也是扩大收益。在此基础上，还需要考虑如何建立稳定的信任关系，并加以维护管理。

 案例

大学生创业成功案例

在绍兴市新建北路 5 号，有家"新天烘焙"蛋糕店，与其他蛋糕店有点不同，这家店不仅宽敞明亮，而且在店铺的一角摆放着一张圆桌、两张凳子，桌上还放着几本杂志，有点休闲吧的味道。这家与众不同的蛋糕店的主人，是位刚走出大学校门才两年的年轻人——浙江大学城市学院 2006 届毕业生陶立群。今年 25 岁的他，毕业后自主创业，现在已拥有 5 家蛋糕连锁店和一家加工厂，成为绍兴市里小有名气的创业青年，今年被评为绍兴市创业之星。2006 年 6 月，陶立群从浙江大学城市学院工商管理专业毕业时，决定开个蛋糕店。他做出这个决定并不是盲目的——大学期间，他曾经经营过校内休闲吧、小餐厅，都做得不错。曾做过"元祖蛋糕"代理的他，对蛋糕市场有所了解，觉得能在这一行闯出一片天地。虽然父母极力反对，但陶立群认准了这条路，决意走下去。2006 年夏天，他白天顶着烈日逛绍兴市区大大小小的蛋糕店，看门道、想问题，晚上则躲在房间里查资料，了解市场行情。他还跑到杭州、上海等大城市做蛋糕市场的调查，搞可行性分析。

陶立群的调查有不小的收获：绍兴当时只有"亚都""元祖"两家知名品牌蛋糕店，其余的都是本地小蛋糕店，中高档品牌蛋糕市场相对空缺，而且当时绍兴还没有一家蛋糕店的糕点是现卖现烤的。陶立群的创业梦想定位在打造本地中高档蛋糕品牌上。

2 个多月后，当满满 9 页的《新天烘焙蛋糕店可行性策划书》放在父母面前时，陶立群的父母被感动了，他们拿出积蓄支持儿子创业。2006 年年底，第一家"新天烘焙蛋糕店"在绍兴市新建北路 5 号正式开张，陶立群做起了小老板。他将店面分成两部分，前半部分是自选式的透明橱窗，便于顾客自行挑选；后半部分则用来加工糕点，现做现卖。

起早摸黑，对在创业之初的陶立群来说是常事。为节约成本，采购、运货等工作，陶立群都自己一个人做。优质的用料、独特的口味、有人情味的服务，赢得了消费者的喜爱。2007年5月、10月，陶立群先后开出第二、第三家连锁店。今年9月，又有两家新天烘焙店在绍兴市区开张。在鲁迅故里做讲解员的曹圣燕是新天烘焙店的忠实顾客，她说，"新天"不仅布置得有情调，并且糕点的品种多、口味好，所以经常买。

谈及今后的打算时，陶立群说，他下一步要在蛋糕店的团队建设上下功夫，并且要不断改善店里的蛋糕品种以及销售服务，打响"新天"品牌，力争开出更多的连锁蛋糕店。

采访感言：《新天烘焙蛋糕店可行性策划书》给我们留下了深刻的印象。成功总是留给那些有准备的人，陶立群在正式创业之前，对自己的能力有清醒的认识，对蛋糕行业有详细的调查、分析，这正是他创业初步成功的基础。大学生创业时不能盲目，一定要对即将进入的行业作充分的了解。

传统的观念认为，作为知识层次高、有一定专业知识的大学生们来说，"创业"理应是在高知识、高科技领域上的。更有不少大学生则一提到创业就好高骛远，丝毫没有想到应该往"小而细"方面去努力创业。

但显然，目前来说，这一观念显然早已落伍。作为我国目前大学生的与社会实践脱节现象比较严重而大学生的创业资金又不够的情况下，那种来自"传统行业"的"新创意"式的创业，则是值得肯定和学习的。比如，复旦大学计算机本科毕业的顾澄勇，在任何人都会的"卖鸡蛋"上，也卖出了"新创意"，他成功开发出"阿强"鸡蛋的"网上身份查询系统"，满足了大家对鸡蛋的新鲜卫生的需求，此外，打造鸡蛋品牌，推出满足人们对营养最足的头窝鸡蛋的需要的"头窝鸡蛋"等，开拓出了一片"创业新天地"。

此外，建收废品网站"创业"、擦皮鞋开连锁店创业、卖铁板烧创建"大学生铁板烧连锁店"创业等，都让一些大学生尝到了创业的成功和快乐。

根据最新资料，2008年全国普通高校毕业生将达到559万人，比2007年增加64万人。面对着每年只有70%左右的大学生就业率及每年都有的未能就业的"积压"大学生，"失业"大学生的数字惊人，这一"知识失业"现象提醒我们，大学生"创业"，势在必行！既要求高校应不断增加大学生创业方面的知识培训，更要求有关部门不断完善扶持大学生创业的相关政策，而作为一个个已经独立起来的个体的大学生们，有必要深入学习一下成功大学生的成功创业之路，"三百六十行，行行出状元"，但问题是，这个"状元"，必须要从转变观念做起，从哪怕是不起眼的"小事"做起，在传统的行业里开拓出新的创意，只有这样，才能一步步开拓出创业新天地。

比尔·盖茨有个忠告

32年前，一名18岁的大三学生从哈佛退学，一头扎进个人计算机软件领域，创建微软公司。这个不务正业的大学生就是当今世界首富比尔·盖茨。

比尔·盖茨一直是当今世界大学生的榜样，特别是那些正在大学就读的学生，每当他们急欲放下学业，跃跃欲试张开创业翅膀而遇阻时，他们常常搬出比尔·盖茨。在许多人眼里，只要有创意有资金，实现创业梦想就近在眼前，他们思维活跃，敢想敢为。不可否认，大学生创业有许多成功的案例，例如胡启立就取得了不错的成绩，但实际上，大学生创业更多的是失败，是苦涩。

大学时代是一个人广泛学习各种基本技能、培养健康稳定的文化心态的黄金时期，可以利用课余时间参加实践、体验社会，但还是应以学业为重。向比尔·盖茨看齐，看的更应该是开创精神，而不是草率的盲从。

比尔·盖茨接受央视记者采访，在提到当年退学创业时，他说："我鼓励人们还是要完成学业，除非有一些非常紧迫的，或者是不容错过的事情。完成所有的学业会好得多。"比尔·盖茨不可能像他的计算机软件一样可以复制。让我们记住比尔·盖茨的忠告。

三、大学生应如何充分利用已有的创业资源

高校大学生创业存在的严重问题是信息不对称。有不少身边的创业资源，还没有被我们的大学生知晓、了解，更谈不上加以运用了。目前高校系统聚集了大量的可以帮助大学生创业的资源。有创业意愿的大学生应该留意这些在身边的资源，加以充分利用，不但能更好地提高自己创业判断分析和把握机遇的能力，而且也可能孕育着很好的机会。

（一）高校创业教育与创业指导

首先是各高校几乎均有的创业课程、创业者协会、科技和发明协会以及讨论或者实践创业的学生社团、沙龙、论坛和讲座等。在这些团队里有规章，有固定的活动时间，学生们可以与志同道合的朋友交谈，甚至有时候可能会有向成功企业家请教的机会。记学分的创业创新课题不仅由学校的老师来讲，也邀请校外企业家授课，采取大班讲座、小班操练、案例剖析、创业比赛、专家辅导、实战模拟等一系列创新的教育方法和手段，帮助同学们对创业要素、创业过程，以及创业者所涉及的问题有更为透彻全面的了解。

有的大学还组织来自企业、高校、科研单位和政府职能部门的有关人士成立大学生创业导师团，通过创业讲座、政策咨询、业务指导等方式，为学生创业团队现身说法、答疑解惑，提供项目论证、业务咨询和决策参考等服务，甚至发掘有潜力的创业项目进行跟踪辅导。

有些地方的团委和青联会还梳理、编制了青年创业服务指南，搭建了信息咨询平台，如通过制作和发布专业创业服务网页等方式，引导青年人积极创业。

实际上，在过去的 20 多年中，创业学成为美国大学，尤其是商学院和工程学院发展最快的学科领域。目前，美国的创业教育已纳入国民教育体系之中，内容涵盖了从初中、高中、大学本科直到研究生的正规教育，并且已经形成一套比较科学、完善的创业教育教学、研究体系。英国、法国、日本等国家创业教育基本推广到初中，在国际上已经形成这样的共识：高等院校设置创业课程，不仅有利于大学生创业和就业，还会形成国家经济发展的直接驱动力。

（二）优惠的创业政策

2015 年 10 月陕西省出台了最新大学生创业政策：

（1）税收优惠。高校毕业生在毕业当年从事个体经营的，3 年内按每户每年 8000 元限额依次扣减当年的营业税、城市维护建设税、教育费附加和个人所得税；对高校毕业生创

办的小微型企业，按规定减半征收企业所得税、月销售额不超过 2 万元的暂免征收增值税和营业税；留学回国的创业者，可享受现行高校毕业生创业扶持政策。

（2）小额担保贷款和贴息支持。对符合条件的高校毕业生自主创业的，可在创业地按规定申请小额担保贷款：从事微利项目的，可享受不超过 10 万元贷款额度的财政贴息扶持；在电子商务网络平台开办"网店"的，可享受小额担保贷款和贴息政策。

我省出资 5000 万设立高校毕业生创业基金，贷款期限内不计息。毕业生合伙创业最高可贷款 50 万，贷款期间还有专门的导师对口指导帮扶。凡高校毕业 3 年以内、本人档案在陕西省内各级政府所属人才交流服务中心管理，参加过创业培训，获得创业培训证书的普通高校毕业生均可申请。

（3）免收有关行政事业性收费。毕业 2 年以内的普通高校毕业生从事个体经营的，自其在工商部门首次注册登记之日起 3 年内，免收管理类、登记类和证照类等费用。

（4）享受培训补贴。对高校毕业生在毕业学年内参加创业培训的，根据其获得创业培训合格证书或就业、创业情况，按规定给予培训补贴。

（5）免费创业服务。2014～2017 年，实施大学生创业引领计划。有创业意愿的高校毕业生，可免费获得公共就业和人才服务机构提供的创业指导服务。各地因地制宜建设大学生创业孵化基地，并给予相关政策扶持。

（6）落户优惠政策。取消高校毕业生落户限制，允许高校毕业生在创业地办理落户手续。

（三）陕西省创业促进会

陕西省创业促进会聚集政府、工商界和全社会更多的创业资源，为准备创业者提供创业训练，为初始创业者提供启动资金和企业家创业导师辅导，引导创业者进入工商业网络，扶持成长型中小企业做大做强，培育创业带头人和精品项目，对接龙头企业组织实施集群创业扶持计划，构建从选择创业者、培训创业者、启动创业项目、扶持成长型中小企业和集群创业等一套阶梯扶持创业的模式和标准。

除了以上资源以外，我们千万不要忽视我们自己的激情、创新的思维、不屈不挠的毅力、对未来的信心等，这些也是我们重要的资源。

大学生李毅自主创业之路

李毅是某师范学院 2006 届生物科学专业本科毕业生，毕业后在学校大门斜对面筹办了一间餐馆。

记者采访李毅将近一个小时，期间竟没有看到其他工作人员。对此，李毅调侃地笑着说，整个餐馆就只有两个工人——李毅和李毅堂姐。李毅说，目前餐馆很多方面都需要人手，但由于资金困难，自己只好一手包办。"现在我是既当老板又当工人，堂姐原来是在外面打工的，后来见到我在玉林开了餐馆，把原来的工作辞掉，从老家博白前来帮忙。"在他的餐馆里，记者看到李毅的堂姐正在认真地清洗碗筷，打扫卫生，十分勤恳。面对记者的提问，她只是笑笑，脸上露出的净是坚强。

记者还从李毅的口中了解到，毕业后，他曾前往大新县雷平中学教书，试用两个月后，找不到激情，加上工资也不高，于是辞职回玉林开餐馆，自己做起自己的老板来。目前，李毅每天的工作就是采购、管理账目等一系列的工作，奔跑在每个工作环节中，忙碌着一件件大大小小的事情。虽然十分辛苦，但他依然坚信，付出就有收获。

毕业后就打算自主创业

李毅的餐馆打扫得整洁干净，餐桌和凳子摆得十分整齐。对于办餐馆一事，李毅告诉记者，他于2006年6月份毕业后，觉得就业竞争激烈，而他又没有做老师的打算，就想到了自主创业，自己开餐馆做起了老板。据他介绍，他的餐馆租的是一间民房，共三层，目前经营面积300多平方米，每月租金2200元，开业前期准备工作，包括装修、购买餐桌、餐具和凳子等物品，花了6000多元，加上其他的一些花费，共用了1万多元。2006年11月22日开业，从目前的经营情况来看，餐馆一般周五到周日生意爆满，平时前来消费的顾客不是很多，支出略大于收入，因此目前餐馆面临着许多困难。对此，李毅告诉记者，创业之初总是伴随着艰难困苦的，得拉下面子，大学生完全可以做好每一件事，工作并没有贵贱之分。

李毅眼中的自主创业

李毅告诉记者，他选择自主创业有三大理由：一是大学生自主"创业"本身就是一条出路。在今后的社会中，自主创业的人会越来越多，甚至会成为就业的主流，成为大学生毕业后就业的首选。二是选择自主创业一方面做起来会更有工作激情，更投入，从而更容易获得成功，这种成功是属于自己的。另一方面，就算失败，也是自己造成的，不会去怪别人，不会感到遗憾。三是大学生自主创业主要是能有一个空间来发挥自己的才能，实现自我价值，得到社会的认可。

李毅说，通过自主创业，他深刻认识到大学生在学习知识的同时，应积极地思考问题，更加关注科技发展和社会需求，寻找知识的转化点。任何创业都应建立在知识积累的基础上，不可急功近利。大学生创业是具有很强的专业性、技术性、风险性和复杂性的实践过程，创业要素的配置是多方面的，除了新的创意外，还有资金、市场。

创业点评

目前，虽然国家出台了一系列鼓励大学生自主创业的优惠政策，但是记者采访中发现，大学生创业之路异常艰难。大学生创业成为当前就业"热"中的"冷"选择。少数人的成功和多数人的失败表明，大学生创业还有很长的路要走，需要政府和社会的指导、扶持、保护，使优惠政策真正落到实处，建立一条有效引导青年创业、有利于培养创业人才的"绿色通道"。

都说大学生创业难，不是难在没有资金，而是不知道创什么业，如何创业。在昨日的上海论坛上，上海盛大娱乐互动有限公司总裁陈天桥指出，未来5年内，是芝麻开门的创业时代，大学生如能抓住创业机遇，前途将不可限量。

现在很多大学生创业非常盲目，有些人局限于"创"字，认为自己创不出新的东西，既不屑走别人的创业老路，又苦于没有创业机遇。另有些人则局限在"成本为王"的观念上，认为没有资金无法创业。针对这一现象，陈天桥认为，大学生创业应该鼓励整合创新。现在很多人认为从无到有才是创新，其实从无序到有序也是创新，通过整合产生的创新就是创业机遇。而资金问题也并不是创业能否成功的决定因素。

只有将"成本为王"转为"应用为王"，了解市场的需要，整合市场和自身的资源才是创业的必由之路。

陈天桥是由玩网络游戏"起家"的，针对目前大学校园内网络游戏风行的现状，他认为喜欢玩游戏并不纯粹是件坏事，关键是要玩出"精"。他就是从玩游戏玩出创业灵感的。大学生创业完全可以从身边找到灵感，找到机遇。此外，大学生在创业中遭受挫折是必然的，但是即使不成功也不要抱怨环境、抱怨他人，首先要检讨自己的过失，从中吸取教训，为创业的下一步作好准备。

第七章 创业者与创业团队

🕸 任务目标

要想建立一个伟大的企业，"选择了正确的团队，就是完成了 80%的工作。组建优秀团队对一个创业者来说至关重要，唯有依靠团队，方能实现创业梦想与个人价值。通过本模块的学习，使学生了解创业团队的基本概念，理解创业团队的类型，了解组建优秀创业团队的原则，掌握组建创业团队的步骤与方法。

第一节 创 业 者

一、创业者的基本概念

创业者"（entrepreneur）一词来源于 17 世纪的法语词汇，表示某个新企业的风险承担者，早期的创业者也是风险承担的"承包商"（contractor）。在欧美的经济学研究中，将创业者定义为一个组织、管理生意或企业并愿意承担风险的人。美籍奥地利经济学家熊彼特认为，创业者应该是创新者，具有发现和引入更好的能赚钱的产品、服务和过程的能力。

我们认为，创业者首先是一个有梦想的追求者，他追求的是未来的回报，而非现在的回报。如果未来的回报低于预期，或者低于现在的回报，一个人不可能有创业的动力。因此，创业者进行创业活动是为了获得更大的价值，这种价值的实现，有物质上的诉求，而更多的是人生价值的实现。创业者的未来收益是一种投资性活动的收益，这些投资既可能是实际的资本投入，也有本人和团队的时间和精力的投入，而收益也就不只是金钱上的收益，还应包括价值的收益、理想的实现等。

创业者是一种主导劳动方式的领导人，是一种需要具有使命、荣誉、责任能力的人，是一种组织、运用服务、技术、器物作业的人，是一种具有思考、推理、判断能力的人，是一种能使人追随并在追随的过程中获得利益的人，是一种具有完全权利能力和行为能力的人。

二、创业者的类型

（1）根据创业过程中所处的角色和所发挥的作用分为独立创业者和团队创业者。

独立创业者是个人独自出资和独自管理的创业者。独立创业者最大的特点是可以自由主宰自己的工作和生活，按照自己的想法和意愿去实现自身价值的最大化。

团队创业者是指具有技术互补性的组织共同创业的共同体。

（2）根据创业者的创业背景和动机分为生存型创业者、变现型创业者和主动型创业者。

三、创业者的素质和能力

创业者应该具有较为理性的心理素质，能不以物喜不以己悲；有较为健康的身体素质，能吃苦耐劳，承受较大的压力；还应该有较高的知识素质作基础，有开拓性思维和广博的知识，能掌握所从事行业的科学技术知识，依靠科学竞争取胜；还得有创新能力、分析决策能力、应变能力、社交能力等有利于创业的能力。

创业者应具有的素质：

（1）强烈的创业意识。

要想取得创业的成功，创业者必须具备自我实现、追求成功的强烈的创业意识。

（2）强健的身体素质。

俗话说："身体是革命的本钱。"几乎所有的企业家都认为，良好的身体素质是成功创业的第一大前提。

（3）良好的心理素质。

创业的成功在很大程度上取决于创业者的心理素质。因为创业之路不会一帆风顺，在创业的过程中难免会遇到诸多的挫折、压力甚至失败，这就需要创业者具有非常强的心理调控能力，能够持续保持一种积极、沉稳、自信、自主、刚强、坚韧及果断的心态，即有健康的创业心理素质。

（4）自信、自强、自主、自立的创业精神。

自信就是对自己充满信心。自信心能赋予人主动积极的人生态度和进取精神，不依赖、不等待。要相信自己有能力、有条件去开创自己未来的事业，相信自己能够主宰自己的命运，成为创业的成功者。

自强就是在自信的基础上，不贪图眼前的利益，不依恋平淡的生活，敢于实践，不断增长自己各方面的能力与才干，勇于使自己成为生活与事业的强者。

自主就是具有独立的人格，具有独立思维能力，不受传统和世俗偏见的束缚，不受舆论和环境的影响，能自己选择自己的道路，善于设计和规划自己的未来，并采取相应的行动。

自立就是凭借自己的头脑和双手，凭借自己的智慧和才能，凭借自己的努力和奋斗，建立起自己生活和事业的基础。

（5）丰富的知识素质。

创业者的知识素质对创业起着举足轻重的作用。创业者要运用创造性思维，做出正确的决策，就必须掌握广博的知识，具有一专多能的知识结构。

（6）良好的人格品质素养。

比如：使命感和责任心；冒险精神；坚韧执着的品质；真诚、诚信。

（7）竞争意识。

竞争是市场经济最重要的特征之一，是企业赖以生存和发展的基础，也是立足社会不可或缺的一种精神。人生即竞争，竞争本身就是提高，竞争的目的只有一个——赢得市场。

创业者创业之初面临的是一个充满压力的市场，如果创业者缺乏竞争的心理准备，甚至害怕竞争，就只能是一事无成。

若想成为一名成功的创业者，所需具备的能力如下：

创业活动是由创业者主导和组织的商业冒险活动，要成功创业，不仅需要创业者具有开创新事业的激情和冒险精神、面对挫折和失败的勇气和坚韧品质，还需要创业者具备解决和处理创业活动中各种挑战和问题的知识和能力。

创业能力是一种特殊的能力，这种特殊能力往往影响创业活动的效率和创业成功率。创业能力一般包括以下几种：

1）创新能力；

2）创意评估的能力；

3）制订资金计划的能力；

4）组织领导能力；

5）经营管理能力；

6）专业技术能力；

7）资源整合能力；

8）学习能力。

第二节 创业团队建设

一、创业团队的类型

关于什么是创业团队，可以从狭义和广义两个层面来理解。狭义的创业团队是指有着共同目的、共享创业收益、共担创业风险的一群共同创建新企业的人；广义的创业团队不仅包括狭义的创业团队，还包括创业过程中的部分利益相关者（如风险投资商、律师、会计师及参与企业创建的专家顾问等）。在这里，我们更强调狭义层面的概念。

根据创业团队组成者之间的关系，创业团队可分为创业团队有星状创业团队（star team）、网状创业团队（net team）和虚拟星状创业团队（virtual star）。

1. 星状创业团队及其特点

星状创业团队一般在团队中有一个核心主导人物，充当了领军的角色。这种团队在形成之前，一般是核心主导人物有了创业的想法，然后根据自己的设想进行创业团队的组织。因此，在团队形成之前，核心主导人物已经就团队组成进行过仔细思考，根据自己的想法，选择相应人物加入团队，这些加入创业团队的成员也许是核心主导人物以前熟悉的人，也有可能是不熟悉的人，但其他的团队成员在企业中更多时候是充当支持者角色。星状创业团队特点如图7-1所示。

星状创业团队有以下几个明显的特点：

（1）组织结构紧密，向心力强，核心主导人物在组织中的行为对其他个体影响巨大。

（2）决策程序相对简单，组织效率较高。

（3）容易形成权力过分集中的局面，从而使决策失误的风险加大。

（4）当其他团队成员和主导人物发生冲突时，因为核心主导人物的特殊权威，使其他团队成员在冲突发生时往往处于被动地位，在冲突较严重时，一般都会选择离开团队，因而对组织的影响较大。

2. 网状创业团队

网状创业团队的成员一般在创业之前都有密切的关系，比如同学、亲友、同事、朋友等。一般都是在交往过程中，共同认可某一创业想法，并就创业达成了共识以后，开始共同进行创业。在创业团队组成时，没有明确的核心人物，大家根据各自的特点，进行自发的组织角色定位。因此，在企业初创时期，各位成员基本上扮演的是协作者或者伙伴角色。网状创业团队特点如图7-2所示。

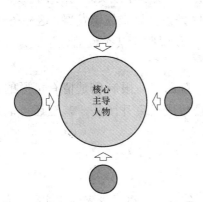

图7-1　星状创业团队特点

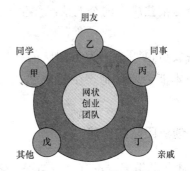

图7-2　网状创业团队特点

网状创业团队有以下几个明显的特点：

（1）团队没有明显的核心，整体结构较为松散。

（2）组织决策时，一般采取集体决策的方式，通过大量的沟通和讨论达成一致意见。因此组织的决策效率相对较低。

（3）由于团队成员在团队中的地位相似，因此容易在组织中形成多头领导的局面。

（4）当团队成员之间发生冲突时，一般都采取平等协商、积极解决的态度消除冲突。团队

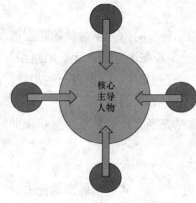

图 7-3 虚拟星状创业团队特点

成员不会轻易离开。但是一旦团队成员间的冲突升级，使某些团队成员撤出团队，就容易导致整个团队的涣散。

3. 虚拟星状创业团队

虚拟星状创业团队是由网状创业团队演化而来，基本上是前两种的中间形态。在团队中，有一个核心成员，但是该核心成员地位的确立是团队成员协商的结果，因此核心人物在某种意义上说是整个团队的代言人，而不是决策者，其在团队中的行为必须充分考虑其他团队成员的意见，不像星状创业团队中的核心主导人物那样有权威性。虚拟星状创业团队特点如图 7-3 所示。

二、创业团队的优劣势分析

1. 创业团队的优势分析

创业团队的优势主要体现在，一个好汉三个帮，一群人同心协力，集合各自的优势，共同创业，其产生的群体智慧和能量，远远大于个体。

创建团队时，最重要的是考虑成员之间的知识、资源、能力和技术上的互补，一般来说，团队成员的知识、能力结构越合理，团队创建的成功性越大。

2. 创业团队的劣势分析

创业团队主要的劣势就是对成员个性的压抑。

相较于创业者个人，创业团队在管理与发展上，更注重成员之间的平衡发展。

为了追求这种平衡，就需要为团队设定一些条条框框来规范发展，这种条件的制定，或许就会与某些成员的个人情况发生一些矛盾，如限制了其个性的张扬或是让成员有约束感。

有些成员也明白，为了团队的共同发展，自己有所限制也是情有可原的。但是时间一长，本能会驱使他产生抵触心理，以致最后成员离开团队，甚至还可能导致团队的解散。

三、创业团队的组建

创业团队的组建，没有统一的程式化规程。实际上，有多少支创业团队就有多少种团队建立方式，没有一支创业团队的建设是可以复制的。下面我们就研究一下，作为创业者如何组建一支适合自己的创业团队。

1. 组建创业团队的原则

配置合理的创业团队能有效解决人力和资金等方面的问题，对于创业成效有着非常重要的影响。创业者在组建创业团队时必须遵循目标明确合理、知识技能互补、成员精简高效、团队动态开放、责任权利统一和结构相对稳定六项原则（见图 7-4）。

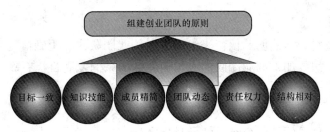

图 7-4 组建创业团队的原则

（1）共同目标一致。

拥有共同的目标是团队区别于群体的重要特征，目标明确才能使团队成员清楚地认识到共同的奋斗方向是什么，目标合理才能使团队成员感受到为之奋斗的可行性，从而真正达到激励团队成员的目的。大学生创业初期，困难和失败不可避免，因此目标一致、明确合理就显得尤为重要。

（2）知识技能互补。

创业团队成员合作的目的，在于弥补创业目标与自身能力间的偏差，当团队成员彼此在知识、技能、经验等方面实现互补时，才有可能通过相互协作发挥出"1+1＞2"的协同效应。

（3）成员精简高效。

为减少创业期的组织运作成本，最大限度地分享成果，创业团队成员构成应在保证企业高效运作的前提下尽量精简。同时，创业者要把握统一指挥与分工协作的关系，要防止出现多头领导，责任不清的现象，保证统一指挥和服从命令之间的关系，又要在明确分工的基础上适当控制管理幅度，防止出现大包大揽的现象。

（4）团队动态开放。

创业过程是一个充满了不确定性的过程，团队中可能因为能力、观念等多种原因有人离开，同时也有人要求加入。因此，在组建创业团队时，创业者应注意保持团队的动态性和开放性，使能力、观念等真正匹配的人员能被吸纳到创业团队中来。

（5）责任权力统一。

在创业团队中，各成员都应拥有与其角色相对应的权力，并应承担由自己的行为造成的后果。另外，在行使权力并履行责任后，团队成员应该得到与其责任和权力对等的利益。把握好责任权利统一原则，这有利于团队长期、健康、稳定的发展。

（6）结构相对稳定。

创业团队在组建时虽然要依据内外环境变化适当进行结构调整，但在调整时，应考虑保持团队的稳定性，避免频繁变更团队成员导致团队成员无所适从，使团队出现人心不稳、业绩下降等问题。结构相对稳定可以保证团队思维的连续性，有利于团队在前期成果基础上不断开发出更多的新成果。

2. 组建创业团队的步骤

组建创业团队的具体程序可能会因创业团队类型的不同而出现差异，但大致可归纳为以下步骤：

（1）明确创业目标。

创业者为了吸引合适的创业伙伴来组建自己创业团队，应明确自己的创业目标和创业思路，这样才能使想要加入创业团队的人员对团队未来的发展目标有充分的了解，有利于促进团队成员间的合作。

（2）制订创业计划。

在确定了创业总目标及各个阶段性子目标之后，创业者要马上围绕如何实现这些目标制定翔实周密的创业计划，还要确定在不同的创业阶段需要完成的阶段性任务，以及完成任务的具体实施步骤。通过逐步实现这些阶段性目标来达成创业总目标。

（3）选择团队成员。

创业团队成员的选择主要应考虑互补性、适度规模和成员的道德品质。适度的团队规模是保证团队高效运作的重要条件。创业者在选择创业团队成员时还应考虑对方的道德品质，与一个人的能力相比，其道德品质则显得更加重要。

（4）职责权力划分。

创业团队应当包括不同类型的成员，他们负责新企业的各项事物，有人负责企业决策，有人负责拓展市场，有人负责开发产品管理生产。明确团队成员的职责定位，可以使创业团队形成合力，共同实现创业目标，同时也可避免因职责不明、权力分配不均等问题而引起的矛盾、冲突。

（5）构建制度体系。

创业团队制度体系体现了创业团队对成员的控制和激励的能力，主要包括团队的各种约束制度和各种激励制度。创业团队通过有效的激励机制，充分调动团队成员的积极性，最大限度发挥成员在团队中的作用。创业团队制定纪律条例、组织条例、财务条例和保密条例等约束制度指导成员，以利于团队的发展和稳定。

（6）团队调整融合。

随着团队运作，团队组建时在人员匹配、制度设计、职权划分等方面的不合理之处会逐渐暴露出来，这时就需要对团队进行调整融合。由于问题的暴露需要一个过程，因此团队的调整融合也应是一个动态持续的过程。在团队的调整融合过程中，最重要的是保证团队成员间经常进行有效的沟通与协调，培养强化团队精神，提升团队士气。

四、创业团队的组建策略

1. 互补策略

创业者寻求团队合作的目的在于弥补创业目标与自身能力间的差距。

只有团队成员间的知识、技能、经验等方面实现互补时，才有可能通过优势互补发挥出"1＋1＞2"的协同效应。

2. 精简高效策略

精简团队时，通常会根据成员为团队所做贡献和价值的多少来选择，创业者可根据以下三个价值选择对团队进行精简。

（1）个人价值，也称"固有价值"，指的是团队个人本身所具有的价值，而且不易随着岗位的变动和服务对象的转变而变化。它主要包括学历、专业、职称、工龄、素质等方面。

（2）岗位价值，也称"使用价值"。把具有一定量的固有价值的员工，安排在某些特定的岗位上，而岗位的职责与特征是决定员工所能做出贡献大小的平台。从理论上讲，岗位价值是比较固定的，不会因为担任职责的成员的变更而发生变化，它是一个相对静态的价值系数。

（3）贡献价值，也称"市场价值"。

3.动态开放策略

创业过程充满了不确定性，因为能力、观念等多种原因，团队中可能不时有人离开或加入。

因此，在组建创业团队时，应坚持使团队具有动态性和开放性，把最适合团队需要的人吸收到团队中来。

五、创业团队的管理

创业团队的管理策略和技巧

有效的管理是保持新企业生命力、保持团队士气的关键。

有效管理要求给予创业团队成员以合理的"利益补偿"，利益补偿可包括两种形式：一种是物质补偿，比方说报酬、工作环境；另一种是精神补偿，比方说创业成就感、尊重、地位、认可和关爱。

（1）创业文化的引领。

所谓"创业文化"，是指自企业由创立到成长，被团队成员逐步接受、传播和遵守的基本信念、共同价值观、行为准则和角色定位的总称。

一般积极的创业文化内涵，包括鼓励创新、允许犯错、培养团队和不断学习等。

（2）经济利益的激励。

在创业实践中，如果花费几个月或更长时间，创业都没有成功，这时团队成员的内心就会从紧张、焦虑慢慢变成倦怠和消沉，这时就需要管理者适时地进行激励。

激励不一定是物质的，有时精神激励也会让团队成员对工作充满信心。

（3）权力与职位的管理。

通常而言，企业发展初期，更注重经济效益的提升，团队成员之间大都能平等对待。

但是随着企业的发展和稳定，一些团队成员在追求经济效益的同时，也开始追逐权力和地位。

从创业团队的生命周期来看，一家企业一旦发展到追逐权力的阶段时，企业的发展效率就会大打折扣，甚至停滞不前。

因此，创业团队领导者要注重权力和地位的激励机制。

将成员的工作效率与权力地位分配挂钩，使团队成员之间保持相互尊重和信任，从而达到成员可以共享领导角色，在各自领域各尽其能的目的。

（4）创新精神的培养。

创新精神是指凭借自己的学识、智慧和胆量，所开发出的一种创造性思维模式。

团队领导在管理团队的同时，需要逐步引导和教育团队成员，增强每个个体的创新意识，挖掘出每个人的潜能，从而为团队的发展壮大做贡献。

通过创新精神的培养，使团队成员养成"不创新就不会有创业机遇"的共识。

六、创业团队的激励

创业团队在创业的各个阶段有不同的目标与要求，同时，不同的团队成员，对激励的内容也有不同的诉求，因此，需要有针对性地开展激励，才能取得更好的效果。

激励是作为实现目标而设计的一种驱使内在动力的手段，把握准确的激励时机、激励频率、激励形式、激励程度及激励方向是实现目标的关键因素。

1. 激励形式

一般常用的激励形式分为两种，一种是短期激励，包括口头表扬、成果认可、颁发荣誉、项目阶段奖励、参与外界活动等；另一种是中长期激励，包括分红权、员工持股份计划、事业合伙人、退休金计划等。

（1）短期激励：一般是指在创业团队成员展示成果时采用的即时性激励方式，其激励时效不超过 6 个月。

1）口头表扬：多用于团队成员完成某项行为后，着重对某个动作、某种方式或有别于以前的进步所做的激励方式。表扬里要聚焦于某一具体内容，不要给成员产生泛泛的表扬，导致达不到激励的效果。

2）成果认可：多用于团队成员在完成某项工作任务时，对其成果表示认可的一种激励方式。如果项目实施时间较长，也可以在项目实施阶段取得部分成果就进行奖励，这样可以在项目过程中不断刺激成员保持旺盛斗志。奖励形式可多样化，聚餐、娱乐活动、外出游玩或是一定数量的奖金。

3）颁发荣誉：多用于对于团队成员某个时间段内，对其工作成果及表现上的认可，而采用的一种公众性、有记录保存的激励方式。此种激励有别于前两种激励的关键点就是公众性以及有记录保存。

4）参与外界活动：多用于工作期间，奖励给团队成员外出培训、行业交流、精英活动等机会。

（2）中长期激励：一般指项目创始人，为使团队成员能够稳定地在创业团队长期工作并着眼于项目未来效益，以实现企业的长期发展目标而采用的激励方式，激励效果长达 3 年以上。

1）分红权。分红权是指某特定团队成员可以参与一定数量的企业利益分配，实施对象一般是团队核心骨干成员。分红只是在企业盈利的前提下实行，企业不盈利也不用拥有分红权的成员去承担亏损部分。

2）员工持股计划。员工持股计划是指员工可以通过购买、赠送等方式，持有公司一定数额的股票，参与企业经营成果。但持股人没有经营决策权。

3）事业合伙人。事业合伙人是指通过多种评估方式，企业创业人将企业注册股权分配给团队成员，并参与企业经营决策，共同为创业项目发展投入全部精力。该股权分配需到工商部门进行登记修改。

4）退休金计划。退休金计划多用于鼓励团队成员跟企业长期发展而设计的方式。该项激烈适用于中大型企业，创业团队不建议采用。

2. 创业道路分阶段激励方式

创业起步之初，项目资金更多应用于产品打造、市场推广上，这个时期激励手段适合使用短期激励方式，长期激励不建议采用。但也有特殊案例，马云和他的"十八罗汉"，在项目起步之初，就已经采用了事业合伙人的激励方式，由蔡崇信设计了股权分配机制。但这需要基于创业项目未来有足够大、涉及领域还没有行业巨擘，并且商业模式已经得到业内专家肯定的前提下，用中长期激励才会产生效果。

对短期激励形式的运用，可根据项目实施进程来安排。口头表扬及成果认可一般是即时性，发现亮点即采用；颁发荣誉可按项目实现进度，阶段性使用，或是半年或一年评选一次；阶段性项目奖励频率也可以控制在一个月或是一个季度一次；参与外界活动则需要外部资源配合才能使用，频率也要控制在一个月或是一个季度一次。

对于中长期激励形式的运用，可按企业发展阶段来推进实施，在创业项目运营到可以看到盈利状况时，可推行分红激励模式，待项目逐步壮大，有持续增长可能时，推行员工持股计划，这样内部股票才有价值，也能达到激励效果。当企业可裂变成多个子项目运营时，推行事业合伙人激励模式，效果可达最佳。

七、提高团队执行力

简单地讲，团队执行力就是各级执行主体按照规定的标准，以一定的速度完成各种任务的能力，并且这种能力应该具有持续性和稳定性，团队执行力的强弱程度将直接影响着团队的经营目标能否得以顺利实现，是团队的核心竞争力。良好的执行力表现应该像接力赛一样，一级一级地向下执行，有结果、有交代、有下落，说到做到，不折不扣。

1. 影响团队执行力原因分析

影响团队执行力的原因是多方面的，主要有以下几个方面：

（1）管理制度设计不合理或落实不到位。

管理者在制定制度时，由于调研、论证工作不充分，使制定出的制度缺少针对性和可行性，或者过于繁琐不利于执行。这些制度经常因"水土不服"而朝令夕改，变换比较频繁，连续性不够，因而无法得到有效执行。

对于一些既定的较为合理的制度，管理者也常常虎头蛇尾，雷声大雨点小，有布置没检查，或检查工作时前紧后松，工作中宽以待己，严于律人，自己没有做好表率。

以上两种情况，都会导致团队管理混乱，执行力下降。

（2）缺少科学的考核机制。

考核导向偏差使激励降效。在好的考核机制面前，不敢动真碰硬，不会科学组织，考核内容的选择往往是为了自己考核起来方便，而不是从促进工作的角度抓落实，这样考核下来自然形成多做事的人多扣分，不利于调动人员积极性的发挥。

（3）管理者对工作督导不利。

很多管理者都有一个误区，那就是——以为某件事安排好了、布置了，有人去做、有时间要求、有质量要求就一切 OK 了，不用管了。事实却不是这样，从布置到落实再到按要求完成任务，中间经过很多环节，有沟通的问题、理解的问题、方法的问题、态度的问题、技能的问题等，这些问题都在影响最终的工作结果。

因此，不能凭想象认为有员工去做了，就不用去操心了，必须跟踪督导。

（4）团队成员责任心不强。

责任心是一种态度，是"道德评价最基本的价值尺度"。责任缺失，是许多企业亏损，甚至走向破产的根源。

（5）沟通协调不到位。

沟通协调不到位使合力无法形成，上下层、部门与部门之间沟通的时机单一、内容单调、方式欠佳，使个人的能力在队伍中被互相抵减，团队作战的优势得不到发挥。

2. 如何提高团队的执行力

（1）制定合理的规章制度，并坚决执行。

规章制度是对团队成员行为的一种约束，是确保做事正确、行动有效、执行到位的有力武器。

在制定规章制度前必须做充分的调查研究，确保制定制度的合理性和可行性。对已确立的规章制度，必须积极维护，只要制度还没有正式修改或者废除，都必须不折不扣地执行。对于违反规章制度者（包括管理者本人），必须予以惩罚，不得有半点仁慈和怜悯，否则，规章制度只是个摆设，很难让大家信服并遵照执行。

（2）制定科学合理的考核办法。

考核的目的在于设计一种公平合理的方式，在一段时间内，尽量客观地考核出个别团队成员对组织的实际贡献(或者可以说存在价值)；确实让被考核的人能够了解考核的结果，以便依据此结果来修正自己的行为，提高对公司的实际贡献。

考核实际贡献时应注意两个重要的尺度：第一个是实际完成工作的质与量；其次是对组织的无形贡献，包括对公司的认同态度、责任感、与其他人员的配合度和相处情况等。

（3）加强工作过程中的督导。

对于执行，没有督导，而仅靠下属员工凭自觉去完成一件事，几乎是不可能的。管理者必须在督导、亲自做榜样这两个方面做出实实在在的行动，不断地培训、熏陶团队成员，坚持一年，执行就一定会成为团队的一种氛围、一种理念、一种文化，并在团队以后的持续发展中受益。

（4）提高员工的责任心。

企业想发展壮大，必须强化责任意识，建立责任流程，打造一支有责任感的队伍，任何企业在进行岗位设置时，都要明确岗位的责任，让胜任这一岗位的人都能顺利处理自己的职责，承担起各自的责任。在企业管理中，对于功过是非的奖罚是管理者最关键的职能活动之一。奖惩，就是奖励和惩戒两方面意义的统称，所以管理者一定要做到奖罚分明。

（5）增强沟通协调能力。

任何工作，如能制定完善的计划，下达适当的命令，采取必要的控制，工作理应顺利完成。但事实上，各级管理人员的大部分时间还要用在沟通协调上，包括内部上下级、部门与部门之间的共识协调，工作与生活之间的利益协调，任何一方协调不好都会影响执行计划的完成。如果通过有效的沟通协调，大家能够劲往一处使，形成合力，那就能促进团队的发展。

第三节　案　例

国网江苏南京供电公司变电运维创新案例

国网江苏南京供电公司变电运维大团队：建立实体创客园　打造变电运维创客团队

近几年，创客文化盛行，充满朝气和蓬勃之力的创客团队的建设引起了南京公司的注意。2015 年，该公司提出打造创客团队的构想，并在该公司变电运维室进行试点，组建了一支由善于创新实践的业务骨干和充满创新热情的青年员工组成的创客团队，将这支创客团队定位为走网罗各种特色创想和各类创新人才道路的变电运维室劳模工作室的卫星团队。

团队组建以来，创客们向外输出的创意点子累计达 40 余条，被南京公司变电运维室科技创新、群众创新和 QC 活动等采纳的有 14 条，其中，新型"母线接地余留保护盒"这一创意被变电运维室劳模创新工作室采纳，最终研制成功，获得了国家发明专利。"虽然有一些成果，但我们觉得还缺少一个能真正动手创造的地方。有些点子如果能动手实践一下，就能得到进一步提炼，会更能彰显实际利用价值。"该创客团队牵头人戴翔胜说，2016 年底，为了使创客文化更好地收集来自生产一线的创想与创新，给创客们营造更好的创新、创造环境，打造真实的创想作坊，更大地发挥创客们的价值，南京公司开始投入建设实体创客园。

2017 年 11 月 1 日，江苏南京供电公司实体创客园正式开园、投入使用。该实体创客园位于南京公司雨花变电运维班驻地，建筑面积近 80 平方米，分为创想交流区、讨论区和实际动手区。园内设置有工作台，以及变电运维专业的典型设备模型等等，配以最珍贵的创想和创意、简单的作业工具，便可"来料"加工，也可"无料"加工，可谓是一个真正的"点子"汇集工厂。

"创客就是我们变电运维大团队中的创新因子，是一群热爱创新、乐于创新和勇于创新的人。在创客园，我们将通过定期的点子激发、筛选和模型制作、评估活动，不断增强员工创新意识、挖掘员工创新活力、保留原汁原味创新理念、存储类型万千创造雏形，努力打造成为科技创新、群众创新、管理创新等创新项目的最大创想培育园地，我们还将建立创客评价机制，促进创客团队的新陈代谢，确保每年能有高产量、高质量的创新点子。"实体创客园负责人官金兴表示。

开园当天，南京公司变电运维室原先的 19 名创客团员成为园地的首批主人，集聚一堂共同分享创新故事，并通过业绩展示和自我推荐选出了 4 名高级创客与 15 名初级创客。该公司领导也受邀作为名誉创客，共同加入创想团体。这些创客园首批创客们通过了实体创客园的入园规则和活动机制，完成了创客园创客团队的角色分工，为企业创新打下了坚实的基础。

 思考题

（1）创业者的类型。

（2）创业团队的类型。

（3）组建创业团队的原则。

（4）创业团队的激励形式。

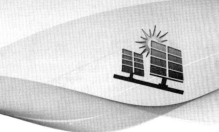

第八章 创业计划书

⚙ 任务目标

　　通过本模块的学习，了解创业计划书的概念和用途。熟悉创业计划书的要素内容和基本框架。掌握创业计划书的编制方法和程序。建立创业计划基本思维模式。

第一节　创业计划书概述

　　创业计划书是公司、企业或项目单位为了达到招商融资和其他发展目标，根据一定的格式和内容要求而编辑整理的一个向受众全面展示公司和项目目前状况、未来发展潜力的书面材料。一份内容翔实、数据丰富、体系完整的创业计划书能够帮助创业者捋清企业的发展思路，而且能够把公司的目前状况、发展潜力以及项目的商业模式、市场前景、财务分析、未来计划等完美地展现给投资者，从而获得风险投资商的青睐。通常创业计划是结合了市场营销、财务、生产、人力资源等职能计划的综合。编写企业计划书需考虑的问题如图8-1所示。

图8-1　编写创业计划书需考虑的问题

一、创业计划书可以用来做什么

1. 规划公司和项目，提升管理水平
一个酝酿中的项目往往是模糊不清的，通过撰写创业计划书和创业投资策划，可以使一个完整可行的创业投资行为跃然纸上，成为创业企业的行动指南。它能引导公司走过发展的不同阶段，也能帮助跟踪、监督、反馈和度量业务流程。

2. 帮助企业在并购中获得主动权和竞争优势

在企业并购过程中，被收购企业为了体现自身的优势和价值，往往编制完善的创业计划书，并着重在市场前景、竞争环境、管理团队、风险控制和财务预测等方面进行深入透彻分析，从而在并购过程中获得主动权和竞争优势，最终实现企业的收益目标。

3. 获得投资

创业计划书作为开启财富之门的"金钥匙"，能够量化出企业潜在的盈利能力，从而获得政府、风险投资商及银行的青睐。风险投资商通过股权、债权的方式投入资金；银行主要采取债权、股权回购等方式进行投资，以期获得高额回报。

国家发展改革委办公厅、财政部办公厅发出通知，对符合《国家高技术产业发展"十一五"规划》《当前优先发展的高技术产业化重点领域指南（2007 年度）》范围的高成长企业，实行创业风险投资支持。创业风险投资不是财政拨款补助项目，国家资金采取直接投资、资本金注入，以股权投资形式投入企业，由受其委托的管理机构行使投资权利。

二、创业计划书的要素

创业计划书没有完全固定的格式，一般包含十大要素，分别是：事业描述、产品/服务、市场、地点、竞争、管理、人事、财务需求与运用、风险、成长与发展。这些要素内容都能恰如其分得以体现，就是一份内容完整的创业计划书。

第一：事业描述，就是你的事业到底是什么。必须描述所要进入的是什么行业，是买卖业、制造业还是服务业，卖什么产品还是提供什么服务，谁是主要的客户，还有进入产业生命周期是处于萌芽、成长、成熟还是衰退阶段。

第二：产品/服务。产品和服务到底是什么，或者是两者都有。有什么特色的产品，能带给客户什么利益；提供的产品或服务与竞争者有什么差异；如果你的产品或服务是创新、独特的，如何使人想买；如果有的产品服务并不特别，那么亮点和吸引力在哪里，为什么别人要买。

第三：市场。就是你的东西要卖给谁，先界定目标市场在哪里，是既有的市场已有的客户，还是在新的市场开发新客户。销售时要知道真正的客户在哪里，产品对客户有什么样的利益，要用哪种营销方式，通路是直销还是要找经销商，怎样去定位、上市、促销，这些都跟市场规模多大、想要有的市场占有率和每年成长的潜力有关。不同的市场不同的客户都有不同的营销方式，在确定目标之后，决定怎样上市、促销、定价等，并且做好预算。

第四：地点。一般公司对地点的选择可能影响不那么大，但是如果要开店，店面地点的选择就很重要，比如麦当劳店总是开在街口转角。通常一个不好的地点绝对会让你关门大吉，好的地点会让利润多一点。

第五：竞争。在下列三种时候要做竞争分析，留意跟竞争者的关系。① 当要创业或要进入一个新市场时，要先做竞争分析。② 当一个新竞争者进入在经营的市场时要做竞争分析。③ 随时随地做竞争分析，这样最好最省力，可以从这五个方向去分析：谁是最接近的五大竞争者，他们的业务如何，他们与业务相似的程度，从他们那里学到什么，如何做得比他们好。

第六：管理。要建立自己的管理专业团队，掌握相关背景，清楚自己的弱势，创业团队之间如何互补已存在的强弱势，彼此间职务及责任如何分工，职责是否界定明确，除了团队本身是否有其他资源可分配和取得。中小企业 98% 的失败来自于管理的缺失，其中 45% 是因为管理缺乏竞争力，还没有明确的解决之道。另外，20% 是因为公司内部专业不均衡，这要加强自己的专业。还有 18% 是缺乏管理经验，要找互补性的事业伙伴来弥补。另外还有 9% 是没有相关产业的经验、3% 是经营者掉以轻心、2% 被人家诈欺背信，最后 1% 是来自天然或人为的灾难。

第七：人事。要考虑人事需求是什么，还需要引进哪些专业技术，有专业技术的人在哪里，可否引入？是需要全职还是非全职的人力，薪水是算月薪或时薪，所提供之福利有哪些，是不是有加班费，有没有安排教育训练，这些人事成本会是多少。

第八：财务需求与运用。筹资/融资款项要如何运用呢？是要拿来营运周转还是添购设备、备料进货或是技术开发……要何时动用？还有供货商、规格、品牌、价格、数量、运费、税金……等需求如何计算？筹融资款对专业的获利有何贡献？未来 3 年的损益表、资产负债表和现金流量表预估了吗？第 1 年报表要以每月为基础，第 2、3 年则以每年为基础。

第九：风险。经营企业一定会有风险，平时就要注意。风险不是说有人竞争就是风险，风险可能是各种不确定，比如当初选的地点旁有捷运，可是后来捷运不经过。还有进出口会有汇兑的风险，餐厅有火灾的风险等。另外还要注意当风险来时如何应对。

第十：成长与发展。在创业计划书中要想：下一步要怎么样，三年后要怎么样，五年以后要怎么样，这个计划是要能永续经营的。

三、创业计划书的特点

（1）结构合理。

投资者应当能够在计划中找到他们所关注问题的答案，很容易找到他们特别感兴趣的话题。这就要求商业计划必须有一个清楚的结构，使读者能够灵活地选择他们想要阅读的部分。

（2）以客观性说服投资者。

尽量使自己的语气比较客观，使投资者有机会仔细地权衡你的论据是否有说服力，而不是无边际吹牛广告。

（3）让大众也能读懂。

一些创业者相信，他们可以用丰富的技术细节、精心制作的蓝图，以及详细的分析给投资者留下深刻的印象。他们错了，只有极少数情况下，会有技术专家详细地评估这些数据。大多数情况下，简单的说明、草图和照片就足够了。如果计划中必须包括产品的技术细节和生产流程，应当把他们放在附录中去。

第二节 创业计划书的编制

掌握了创业计划书的要素、特点、目的，就可以着手编制创业计划书了。创业计划书的基本格式一般包括计划摘要、产品（服务）介绍、自身定位、执行团队、市场预测、竞争分析、营销策略、制造计划、财务规划这几个方面。

（一）创业计划书的编制

1. 计划摘要

计划摘要列在创业计划书的最前面，它是简述了创业计划书的内容，涵盖了计划的要点，可以使读者在最短的时间内了解计划并做出判断。

计划摘要虽然要求整体简明、生动，但也要根据企业自身的特点，以及企业获取成功的市场因素进行详细说明。主要内容如下：

一句话说明理念由来。（切入点）

一句话说明市场的需要。（市场前景）

一句话说明你们提供了什么需要。（产品）

一句话说明还有谁提供了这些需要。（竞争对手）

一句话说明你们提供的比他们提供的强在哪？（优势）

一句话说明你们如何做出这个"强"。（研发）

一句话说明你们如何把"强"弥补到"需要"那里去。（市场运作）

一句话说明你们弥补的需要能赚多少。（盈利模式）

一句话说明你们赚的分给我们多少，要我们提供什么。（回报）

一句话介绍一下你们。（团队优势）

2. 产品（服务）介绍

不是所有的创新都有市场价值，如果提供的产品不能为用户提供足够的价值宽度（功能宽度）、价值厚度（体验强度）和价值密度（价值在时间轴上的沉淀），也没有对现有的产品或解决方案形成一定程度的替代性拐点，那么这个创新就没有市场价值。

编写产品（服务）介绍就是要说明创新产品（服务）的市场价值，要回答好以下几个问题：

（1）我们针对的目标客户群体是谁？他们的核心痛点是什么？

（2）我们提供的产品（服务）是什么？有哪些核心价值？

（3）我们解决了什么问题？能否解决用户的核心痛点？能否满足用户的爽点？

3. 自身定位

定位是随着外部环境动态调整的，但是创业者肯定要想清楚大的主线。这部分的内容虽少，却是创业计划书的画龙点睛之笔。主要回答清楚我们要做什么，不做什么，我们未来的走向是什么。

4. 企业团队介绍

高素质的管理人员和良好的组织结构是管理好企业的重要保证。因此，风险投资家会特别注重对管理队伍的评估。

本节需简单介绍核心团队成员的从业经历及擅长的领域，包括创始人及技术（或产品）、销售、运营等方面的核心骨干成员。重点强调团队成员的从业经验，团队的互补性和完整性。此外，还应对公司结构做一简要介绍，包括公司的组织机构图、各部门的功能与责任、各部门的负责人及主要成员、报酬体系、股东名单、董事会成员、各位董事的背景资料等。

5. 市场预测

当企业要开发一种新产品或向新的市场扩展时，首先就要进行市场预测。如果预测的结果并不乐观，或者预测的可信度让人怀疑，那么投资者就要承担更大的风险，这对多数风险投资家来说都是不可接受的。因此编写市场预测需回答好以下几个问题：

（1）市场是否存在对这种产品的需求？现状如何？是否存在市场空档？

（2）目标顾客和目标市场在哪？需求程度是否可以给企业带来所期望的利益？

（3）新的市场规模有多大？用数字说明。本企业预计的市场占有率是多少，能够带来多少收益？

（4）需求发展的未来趋向及其状态如何？

（5）影响需求都有哪些因素？

（6）市场中主要的竞争者有哪些？本企业进入市场会引起竞争者怎样的反应，这些反应对企业会有什么影响？

6. 分析竞争对手

对于竞争对手的分析，应该从对用户需求满足的可替代性的角度进行选择。在项目发展早期，可以只选择那些最直接的竞争对手进行分析。在思考竞争格局时，需要"站在未来看现在"，有些眼前不是你的直接竞争对手，但是随着项目的进展，在后期可能会遭遇对手在大平台的横向狙击，从而使企业经营困难。

分析竞争对手，应以表格方式细分，列出行业内最主要的竞争对手，以本项目的关键成功因素作为比较维度，针对本项目与竞争对手进行对比分析，比如可以从技术壁垒、核心团队、用户数据、资源优势、运营策略、融资情况等方面进行比较。值得说明的是，项目面临的市场机会和选择的商业模式本身不可以作为竞争优势。

7. 营销策略

"酒香也怕巷子深"，除了极少数互联网产品通过产品本身的设计以及越过临界点之后获得爆发式增长外，大部分的产品前期还是需要深入的营销推广的，否则即便融到了大笔资金也很难取得预期的效果，因此优秀的营销推广经验及行业资源依然至关重要。

营销策略重点阐述公司已采取或拟采取的市场推广策略及竞争策略，接下来我们可以考虑有哪些核心资源利用，有哪些潜在合作伙伴，使用哪些渠道和方法，具体需考虑以下几方面因素：

（1）消费者及产品的特点；

（2）企业自身的状况；

（3）市场环境方面的因素，营销成本和营销效益因素；

（4）市场机构和营销渠道的选择；

（5）营销队伍及其管理；

（6）促销计划和广告策略；

（7）价格决策。

8. 制造计划

创业计划书中的生产制造计划应包括以下内容：产品制造和技术设备现状，新产品投产计划，技术提升和设备更新的要求，质量控制和改进计划。

一般地，生产制造计划应回答以下问题：

（1）企业生产制造所需的厂房、设备情况如何？

（2）怎样保证新产品在进入规模生产时的稳定性和可靠性？

（3）设备的引进和安装情况，谁是供应商？

（4）生产线的设计与产品组装是怎样的？

（5）供货者的前置期和资源的需求量？

（6）生产周期标准的制定以及生产作业计划的编制？

（7）物料需求计划及其保证措施？

（8）质量控制的方法是怎样的？

（9）相关的其他问题？

9. 财务规划

财务规划主要包括两部分：财务收支预测和融资计划。企业的财务规划应保证和创业计划书的假设相一致。事实上，财务规划和企业的生产计划、人力资源计划、营销计划等都是密不可分的。

要完成财务收支预测，必须要明确下列问题：

（1）产品在每一个期间的产量有多大？

（2）什么时候开始新的生产？

（3）每件产品的生产成本是多少？

（4）每件产品的定价是多少？

（5）需要雇用哪几种类型的人，雇佣几个？

（6）雇用何时开始，工资预算是多少？

（7）要达到正常生产状态，需要一次性投资多少？

（8）在正常生产运营过程中，各类生产和管理费用是什么，有多少？

（9）使用什么销售渠道，所预期利润是多少？

表 8-1 为财务收支预测简表。

表 8-1   财 务 收 支 预 测 简 表

收支项目	第一期	第二期	第三期	第四期	第五期
一、收入预测					
1. 业务收入（业务量×单价）					
业务预测					
销售单价					
2. 其他收入					
收入合计（1+2）					
二、成本费用预测					
1. 人工成本（平均薪酬×人数）					
2. 直接成本（和业务量呈正比例变化的成本）					
3. 房租折旧等固定费用					
4. 水电办公差旅等管理费用					
5. 销售费用					
6. 其他运营费用					
7. 税金					
成本费用合计					
三、利润预测（收入－成本费用）					

融资计划是指为实现公司发展计划所需要的资金额，资金需求的时间性，资金用途（详细说明资金用途，并列表说明）。

如：为保证项目实施，需要新增投资是多少万元，新增投资中，需投资方投入　万元，对外借贷　万元，公司自身投入　万元。

如果有对外借贷，抵押或担保措施是什么？

请说明投入资金的用途和使用计划：

希望让投资方参股本公司还是投资合作成立新公司？请说明原因。

拟向投资方出让多少权益？计算依据是什么？

预计未来 3 年或 5 年平均每年净资产收益率是多少？

投资方可享有哪些监督和管理权力？

如果公司没有实现项目发展计划，公司与管理层向投资方承担哪些责任？

投资方以何种方式收回投资，具体方式和执行时间。

在与公司业务有关的税种和税率方面，公司享受哪些政府提供的优惠政策及未来可能的情况（如：市场准入、减免税等方面的优惠政策）。

需要对投资方说明的其他情况：

又如：某公司注册资本 200 万。股本规模及结构暂定为：团队自筹资金 80 万，技术入股 22 万，共占股本的 51%；外部融资占 49%，融资需求为 98 万，风险投资 70 万，其他服务提供商投资 28 万。该公司希望引入 1~2 家风险投资，1 个服务提供商，以进一步分散风险，优化股本结构，并为以后可能的上市做准备。融资情况见表 8-2 融资情况表。

表 8-2　　　　　　　　　融　资　情　况　表　　　　　　　　单位：万元

融资来源	内部融资		风险投资	服务提供商投资
	技术参股	资金参股		
融资规模	200			
金额	22	80	70	28
比例/%	11	40	35	14

（二）如何审查创业计划书

看一份创业计划书是否能打动投资人，可以从以下几个方面检查：

（1）你的创业计划书是否显示出你具有管理公司的经验。

（2）你的创业计划书是否显示了你有能力偿还借款。

（3）你的创业计划书是否显示出你已进行过完整的市场分析。

（4）你的创业计划书是否容易被投资者所领会。创业计划书应该备有索引和目录，以便投资者可以较容易地查阅各个章节。还应保证目录中的信息流是有逻辑的和现实的。

（5）你的创业计划书中是否有计划摘要并放在了最前面，计划摘要相当于公司创业计划书的封面，投资者首先会看它。为了保持投资者的兴趣，计划摘要应写得引人入胜。

（6）你的创业计划书是否在文法上全部正确。

（7）你的创业计划书能否打消投资者对产品（服务）的疑虑。

总之，一份完善的创业计划书，能够使我们理清科研成果产业化的思路，为创业提供指导和理论依据。

（三）创业计划书示例

××××茶餐厅创业计划书

1. 企业概要

（1）公司名称：××××茶餐厅。

（2）组织形式：个体工商户。

（3）营业地点：南通大学内。

（4）主要产品：港式茶饮、糕点、炖品、冰激凌。

（5）业务方式：早餐、早午茶、下午茶。

（6）服务宗旨：美味、时尚、优质、健康，让顾客满意。

（7）企业经营理念：现代港饮港食的都市时尚风格、新鲜快捷、时尚美味、平民化。

（8）经营战略目标：发展极具现代都市特色的、体现港式风情的优美环境，打造一个平民化的健康餐饮品牌。

2. 市场分析

（1）行业的基本特点。

1）食品多样化：茶餐厅供应了中式及西式的食品，更有不少香港独有的饮食。一间小小的餐厅菜单内往往有数十种食物，选择繁多，顾客可以随意搭配，以选择合适的食品。

2）讲求效率：顾客光顾后自行到收银处付费，而且不需要等候，由点菜至结账都讲求速度。

3）食品价钱相宜：传统食肆售卖的食品价钱通常比较贵。茶餐厅里的一顿饭可能只需10多元，茶餐厅里的常餐、快餐会包含饮料，或免费提供清水或热茶。

（2）可行性分析。

1）南通的港式茶餐厅不多，而且价格较高，实惠优质的茶餐厅，正迎合大学生追求品质和低消费的特点。

2）虽然学校有食堂和很多摊点，早上忙于上课的学生，买早餐依然拥挤，所以快捷的茶点定会受学生青睐。

3）大学生上课的时间不统一，所以吃饭的时间就不会集中。推出早午茶和下午茶正好满足大学生的这种需求。就算有些学生没到吃饭时间，也会想买些饮品和小点心。

4）茶餐厅的食物品种多，每次都可以换着搭配，每次都有不一样的口感，对于乐于尝试新鲜刺激的大学生，很有吸引力。

5）港式茶餐厅的店内环境时尚、优雅、舒适，适合大学生休闲聊天、约会，享受小资情调的休闲氛围，更能体验到人性化的服务和更具人文特色的文化氛围。

（3）竞争状况。

校园内有不少快餐店，比如快乐驿站、豪大大香鸡排和喔喔鸡排。更有不少饮品店，比如嘟可、舞茶道和七杯茶，这些商家在学生中形成很强的品牌意识。还有食堂、北街一些摊点价格非常便宜，比我们有价格优势。

（4）未来发展趋势。

虽然现在出现了个别连锁式茶餐厅，与一定数量港式茶餐厅，但根据市场调查资料显示，价格普遍偏高。再加上港式茶餐厅的特色食物和服务，以及时尚、舒适的环境，我们应该能有效地打入学生市场。在学生中树立好的口碑后，寻找投资者，可以在南通其他地方开分店。

（5）SWOT分析。

优势：地处学生密集区，人流密集、商机无限，具有得天独厚的环境；全新的设备，宽敞明亮的就餐环境，高性价比的食品，有利于销售切入；经济型的人力构架，高级服务模式，环境舒适。

劣势：新开业，缺乏知名度，市场认知及接受有一个培植过程。

机会：在高校内，市场容量大；地理位置得天独厚，商业环境不可复制；新店、新员工经过系统培训，士气不言而喻；周边虽商家林立，但软环境不同，竞争力有强有弱，已为客源分流埋下伏笔。

威胁：服务与产品质量的高低与经营成本又有直接和必然的联系，如此则产品价格必然不会比竞争对手低，虽然总体上价格并不会太高，但相比之下，学生的经济承受能力仍无法支撑一日三餐都在我们店消费。并且，成本与利润也是直接挂钩的，盈利的多少则又是能否在竞争中生存下去的一大决定因素。再者，各地风俗与饮食习惯的不同，又产生了另一个问题，是否大多数顾客都能对产品认可或满意呢，这也是需要接受考验的。

3. 市场营销战略

（1）市场细分化。

1）消费群体：在校大学生。

2）消费动机：休闲。

3）行为特点：群体或个人消费。

（2）市场战略。

因为是刚成立的企业，我们面对的是新的顾客，对顾客而言，我们的产品也是新的，所以我们选择多样化市场战略。

相应的，我们采取以下措施：

1）可分发调查问卷，分析同学们对茶餐厅有关的建议和看法，以便了解同学们的需求和对产品和服务的要求。

2）针对调查问卷的统计结果，有侧重地对餐厅细节方面进一步分析和完善，如装修风格、价格等。

3）对店内员工进行培训，保证他们能够达到顾客服务的要求。

（3）市场营销组合。

本企业的市场营销组合策略为市场无差别策略，包括以下内容：

1）产品策略。

为顾客提供时尚优雅的环境和优质的服务，保证产品质量的同时，制定较低的价位，推出品目众多的食品和饮料，并随意搭配。

2）促销策略。

广告：在各学校宿舍和食堂派发传单，加大宣传力度；在店门口放置每周新品宣传牌；店内柜台、点餐牌上对新品促销进行醒目宣传。

营业推广：在不同的节日推出不同的促销活动；发布团购优惠信息和现金券。

3）销售渠道策略。

营业初期的主要目标顾客群体就是在校大学生，在学生人流量大的地方做好宣传，通过店面直销的方式进行销售。

业务不只定位在南通大学内部，可通过电子商务平台，如家庭在线等进行加盟，提供网上订餐服务，将业务推广到全市区。

4）价格策略。

制定中低等价格以吸引有物美价廉心理和无固定收入的大学生。为尽快打响知名度，可以推出短期优惠，进行市场推广，以便迅速强占市场，制造热卖场，引起目标客户群的广泛关注，并利用"羊群心理"的消费心理，逐步推出创新的服务卖点，保持市场热度。在客源稳定之后，则进行必要的筛选。

4. 财务规划

（1）启动资金预算。

1）营业设备设施：88 000 元。

计算机、柜台、卫生用品、大堂设备及户外用品。

2）厨房设备用品：85 000 元。

炉具设备、加热保温设备、冷藏设备、排风设备、火锅设备、煮锅、蒸锅、煎炒锅、勺具、刀、厨房不锈钢器皿、食物储存容器、面包烘焙设备、厨房杂件。

3）餐饮设备用品：52 200 元。

饮水机、饮料机、陶瓷器皿、塑料器皿、榨汁机、咖啡机、咖啡壶、咖啡炉、玻璃器皿、餐饮不锈钢器皿。

4）清洁卫生用品：1800 元。

拖把、扫帚、刷子、清洁工具、清洁护具、清洁剂。

5）洗涤设备用品：10 800 元。

洗碗机、餐具消毒柜、洗涤筐、洗涤剂。

6）餐椅餐桌柜架：84 200 元。

基于环境营造需要，配置或定制相关家具，但要注意家具污染问题。

7）其他设备用品：40 000 元。

8）装潢装饰：100 000 元。

9）场地租金：15 000 元按照三个月租金测算。

10）物料储备：20 000 元按照 3 天的储备周期。

以上总计 497 000 元。

11）员工工资与人数预算。

糕点师 2 名　1 名 4000 元 =8000 元。

咖啡师 2 名　1 名 3500 元 = 7000 元。

服务员 3 名　1 名 2500 元 = 7500 元。

一个月工资预算金额 = 22 500 元。

12）广告和推广活动：30 000 元。

流动资金需求总额：549 500 元。

（2）资金筹集。

本企业有自有资金 50 万元。为取得更多资金，可以采取两种方式进行融资：

第一种方式是权益性融资，即通过增加合伙人投入资金来扩大经营规模，年底根据盈利多少来分利。这样可以有效地在短期内筹集资金，扩大内需，运用更大的资金力量扩大企业规模和经济实力，从而拓宽经营范围。同时资金充足，就可以引进先进技术，更新设备，提高企业素质，增强企业的经济实力和竞争能力。但是它的缺点是容易分散企业的控制权，公司内部分歧大。

第二种方式是银行贷款或者抵押等方式来融资。这种方式筹资速度快，借款成本低，而且利息可以在税前抵扣，减少公司实际负担的利息支出，比权益性融资成本要低。同时借款弹性大，公司可以根据资本需要与银行直接商定贷款的时间、数量、金额，而且还可以变更借款条件。同时，还可以发挥财务杠杆作用，为公司取得杠杆收益。这种方式财务风险较大，如果运营情况不佳，资金流不够充足，可能出现不能按期还款的违约风险。

通过对投资项目进行可行性分析，综合考虑各项因素风险的基础上，该方案决定采取第二种方式：向银行取得三年期长期贷款 8 万元，作为营运资金的补充。

根据长期借款成本的通用公式来计算该项融资成本：

$K_1 = R_1 (1-T) /1-F$，得借款资金成本 = 年借款利息 × （1-所得税率）/（借款金额 - 借款费用）

为期三年的长期借款的年利率为 6.40%，每年付现一次，到期一次还本，企业所得税为 25%，筹资费用率为 0.5%，所以长期借款资本成本为

$$K_1 = 6.40\% × (1-25\%) / (1-0.5\%) = 4.82\%$$

（3）资金预算。

1）企业每年收入水平估算。

茶餐厅每日经营 12 小时，平均日接待客人 80 名，平均每人消费 30 元，日营业额 2400 元，一年按 360 天营业日算，总营业收入为 864 000 元。假定每年收入不变。

2）每年运营成本测算。

以前面测算的启动资金为基础，假定其中包含 40 万元资金用于设备设施投入，装修装饰，可在以后的 10 年进行摊销；其他资金均对应相应的运营成本。则年运营成本测算如下：

人工成本：22 500 × 12 = 270 000

直接成本，包括原材料、水电燃料费、其他物料消耗等按 30% 销售成本率测算：

$$864\ 000 × 30\% = 259\ 200$$

房租：15 000 × 4 = 60 000

销售和管理费用，包括差旅、广告、运维、办公用品、计算机耗材等费用：30 000

以上年运营成本合计 270 000 + 259 200 + 60 000 + 30 000 = 619 200

长期摊销费用，包括设备折旧、装修费摊销等按 10 年摊销：400 000/10 = 40 000

则每年总成本费用预计为

$$619\ 200 + 40\ 000 = 659\ 200$$

3）企业每年净现金流。

附表（见表 8-3）：（新办从事饮食业企业或经营单位，经税务部门批准，免征企业所得税一年）

表 8-3　　　　　　　　　××茶餐厅三年财务收支及现金流量预测表　　　　　　　　单位：元

财务预测分析期	产品销售收入	总成本	营业利润	所得税	净利润	摊销及折旧	营业现金流量
第一年	864 000	659 200	204 800	0	204 800	40 000	244 800
第二年	864 000	659 200	204 800	51 200	153 600	40 000	193 600
第三年	864 000	659 200	204 800	51 200	153 600	40 000	193 600

4）判断投资的可行性。

经净现值计算，该投资计划 NPV＞0，或经过投资内涵报酬率计算，该创业计划内涵报酬率＞4.82%，所以该投资方案可行。

5. 运营战略

（1）系统设计。

茶餐厅的经营可借鉴快餐店的经营方式，集港式小食、西点、冷热饮、水果拼盘于一体，以环境好、上餐快、品种丰富、价格便宜为亮点，除提供各种中式菜品和当地特色菜品外，还可配备价格在 6～18 元不等的各种茶饮，满足各类消费者的需求。由于茶餐厅的主要收入来源于商务午餐，最好能免费为顾客提供一杯饮料或一碗汤。

（2）作业计划与控制。

由于早餐时间需求集中，需求量大，早餐时间段可多备糕点和咖啡。根据第一个星期营业情况，制定生产产品的数量和营业时间上的调整；根据季节不同，多准备当季受欢迎的产品，比如冬天的红豆和夏天的冰淇淋。

6. 研究发展战略

定期轮流送糕点师和咖啡师培训，让他们学习先进的生产技术和作业技巧，促进他们能力的提高。鼓励他们研发新型受欢迎的产品，相应发放奖金，根据顾客反映，对现有产品做口感或口味上的调整。

7. 人力资源战略

（1）人力资源规划。

店长 1 名；糕点师 2 名；咖啡师 2 名；服务员 3 名；收银员 1 名；清洁阿姨 1 名。

（2）招聘与挑选。

在网站上投放招聘信息，或在公布栏张贴招聘公告。选择吃苦耐劳，有亲和力并有服务意识的青年人，毕竟容易和大学生沟通。其中，糕点师傅和咖啡师必须有工作经验，而且有独挑大梁的能力。选择一位在茶餐厅做过服务员经历的做服务员领班。

（3）培训与激励。

在开业前对员工的企业文化和团队意识进行培养，可以送他们去相关学校培训技能。制定评价与激励企业规章，对工作出色的员工予以荣誉和资金上的奖励。

8. 企业风险分析

（1）经营风险分析。

1）根据行业未来的市场供求状况的预测，分析企业的经营风险。

市场是不断变化的，茶餐厅市场的供给与需求也在不断变化，而供求关系的变化必然造成餐饮价格的波动，具体表现为租金支出的变化和茶餐厅餐饮质量的变化和竞争力加强的变化，这种变化会导致茶餐厅投资的实际收益偏离预期收益。更为严重的情况是，当市场内结构性过剩（某地区相关的这类型茶餐厅的供给大于需求）达到一定程度时，茶餐厅将面临竞争压力的严峻局面，导致资金占压严重、还贷压力增加，这很容易最终导致茶餐厅的破产，不能继续生存。

2）结合企业生产经营的情况，提出降低企业经营风险的合理措施。

一是树立危机意识，在强化基础管理上做文章，优化管理项目，加强设备维护，加强对食品的技术创新，努力提高设备健康水平、食品质量和可利用小时。

二是加强过程控制，强化目标管理，推行全面预算管理和燃料精细化管理，实现"事前预测、事中控制、事后分析"，对各项成本费用力求做到"精、准、细、严"，进一步做好资金的合理统筹、调度和安排，通过对资金的有效控制，降低资金使用成本，提高公司财务管理能力，有效遏制利润下滑势头，力争扭转被动局面。

三是组织召开一季度经营状况分析会，对所属企业一季度经营情况进行成本调查和财务分析，针对存在问题，制定了相应的控制成本的有效措施。

（2）财务风险分析。

该计划选择的是债务性资本融资。债务性资本融资资金成本较低，且具有财务杠杆效应，可以取得杠杆收益，但有一定的偿债风险。通过对该项目进行可行性研究分析，并充分考虑各项风险因素，预测该项目计划能够有比较稳健的现金流和收益，具有可靠的偿债能力，可以抵御各种财务风险。

第三节　百衣百随创业计划书案例

衣、食、住、行是人们的四大元素。人们把"衣"放在第一位，可见衣服对于我们的重要性。随着人们生活水平的提高，人们的着装越来越希望能展现自己的气质和品位，突出个性。

西安电力高等专科学校的几位同学经过充分的市场调研，发现市场上服装定制的公司提供的产品价格比较高，主要针对白领和高收入人群。大学生和普通员工虽然也有着装个性化的需求，但基于的经济实力原因。定制一件独一无二的衣服，对普通人似乎遥不可及。

如何才能把定制服装的价格降下来，经过精心编制创业计划书，分析产品的核心价值和市场竞争情况，论证价值创造（利润）模式和管理模式，组建执行团队，确定融资模式，选准目标市场，制定相应的市场营销策略。

他们决定成立百衣百随公司，利用网络购物环境的不断改善、网上支付和网上银行的快速发展，网络购物市场的增长趋势明显的契机，建立运营自己的网站、微博及微信公众号，和西安一些高校服装设计专业的老师和学生合作，把他们设计的服装产品发布到网上，客户可以浏览各种不同的服装设计，选择自己喜欢的产品并把自己的想法和设计师沟通，会让消费者有很大的参与感，产生一种强烈的归属感，从而使公司获得长期且稳定的发展。最终让每一个普通人有机会可以穿上只属于自己的服装。

在发起人的带领下，他们进行了认真的市场调研和创业方案设计，并编制了创业计划书。

百衣百随创业计划书

1. 计划摘要

大学生、一般年轻员工也希望衣服有个性；本公司主要为收入不高的人群提供个性化的服装选择网络平台；目前市场服装定制的网站普遍为收入高的人群服务，还没有此种模式的服装网站，所以市场前景非常广阔；通过和西安高校服装设计专业的学生合作，由他们提供产品，我们进行线上和线下宣传，开拓市场；成交后提取一定的佣金；目前团队有经验比较丰富的营销人员、财务人员、网站维护人员和一大批合作的服装设计人员。

2. 产品（服务）介绍

现在的人们追求个性张扬、与众不同，而着装能很好地体现一个人气质与品位，但定制一件独一无二的衣服，基于经济实力的原因，对普通人似乎遥不可及。

本公司从互联网入手，通过建立运营自己的网站、微博及微信公众号，和西安一些高校服装设计专业的老师及学生合作，把他们设计的服装产品发布到网上，让客户选择并和设计师沟通，让每一个普通人有机会可以穿上自己心仪的服装。通过公司平台，一方面为设计专业的学生提供一个展示自己才能的平台，使他们设计的服装有机会让他人穿在身上。其次提高消费者的参与度，让更多的人参与到服装的生产设计中来，展示自我，享受主人翁的感觉。总之，让每一个人都穿出个性，穿出特色。

3. 自身定位

目前，本公司主要是和设计专业的老师及学生单个合作，市场定位为高校大学生。随着公司的发展，一方面逐步开始和学校合作，避免学生毕业带来的波动；其次和一些优秀的毕业生建立合作关系。市场也由大学生向企业一般员工拓展。

4. 企业队伍

我们更有一群精力充沛、热情洋溢并致力于经营这家公司的年轻人。×××是营销专业毕业，将出任公司的营销总监；×××是财务专业，将出任本公司的财务总监。同时我们还会选择一群优秀服装设计专业的老师学生，能根据顾客的气质风格、性格、喜好、经济承受力，为顾客提供个性化的服务。此外，我们还聘请了法律顾问。

图8-2为本公司的组织结构图。

股东结构：

目前公司主要股东情况：

股东名称	出资额	出资形式	股份比例	联系方式
×××	10万元	现汇	40%	
×××	10万元	现汇	40%	
×××	5万元	现汇	20%	

总经理：

姓名×××　性别　　　年龄　　　籍贯

学位＿＿＿＿所学专业＿＿＿＿＿职称＿＿＿＿

毕业院校＿＿＿＿＿户口所在地＿＿＿＿联系电话

营销总监：

姓名×××　性别　　　年龄　　　籍贯

学位＿＿＿＿所学专业＿＿＿＿＿职称＿＿＿＿

毕业院校＿＿＿＿＿户口所在地＿＿＿＿联系电话

财务总监：

姓名×××　性别　　　年龄　　　籍贯

学位＿＿＿＿所学专业＿＿＿＿＿职称＿＿＿＿

毕业院校＿＿＿＿＿户口所在地＿＿＿＿联系电话

图8-2　本公司组织结构图

公司不存在关联经营和家族管理问题；公司董事、管理者与关键雇员之间不存在或潜在的利益冲突。

本公司共有全职职工 8 人。总经理×××兼管人力资源，营销总监辅助市场开拓，对本行业的发展情况以及顾客的需求进行持续的分析，制定出符合市场需求的活动项目，并负责公司的广告和宣传业务。财务总监负责公司的财务工作，推销工作由三名推销员来经营。二名员工协助处理电话，回答顾客各种问题。

几位管理人员已签署的一项合同约定：他们从加入本公司之日起将至少为本公司服务三年；如果任何一位将来离开本企业，那么从离开之日起三年之内将不能从事与公司竞争性的业务。

报酬：三位创始人前三年的工资收入定为 5 万元/年，这与目前这个行业同等职位人员的工资水平相比稍低。其人员的工资根据提成和基本工资之和及附加各种福利（如医疗、人寿保险等）计算；工作满足一年以上者，每年可享受两周假期。

5. 市场预测

（1）服务需求调查。

通过对在校大学生和企业普通员工的抽样调查，我们发现分别有 30%和 50%的人表示希望服装能个性化。

陕西现有 90 多所高校，在校大学生约为 100 多万人。现在的年轻人追求时尚、追求另类，相信会有越来越多的大学生选择我们公司提供的个性十足服装。而今，越来越多的普通员工希望大方得体，既有时尚感，又不过分张扬，这为我们提供了广阔的市场。

（2）价格需求调查。

大学生和普通员工由于经济实力有限，能承受的价位主要集中在 300～500 元，我们将根据他们的消费能力，在最大程度上满足他们的要求。

（3）服务的购买力预测。

在这项新型服务投入市场之初，消费者尚不熟悉，而我们是根据顾客的经济实力来设计产品的，因此，开始的顾客购买力是较弱的，但经过一段时间的推广，消费者逐渐熟悉了该项服务确实提升个人的形象时，顾客的购买力就会增长。

（4）市场占有率预测。

现阶段为大学生和普通员工进行服装定制可以说才开始起步，可以肯定的是，一定会有更多的公司想进入分一杯羹，本公司的优势是以优良的服务为顾客提供长达 5~10 年甚至更长的服务。关键是让所有的在校大学生和普通员工了解我们公司、信任我们公司。估计我们的市场占有率可达 30%。

（5）资源预测。

人力资源是本公司的发展源泉，随着顾客的增多，我们必将会选择更多的服装设计专业的在校生和毕业生进行合作。

6. 分析竞争对手

目前市场上有一些服装定制的网站或 APP，如：关关、衣邦人等，但价格普遍偏贵，主要针对白领或高收入人群，用户数量不多。而面向大学生和普通员工，采用此种模式的服装网站或平台还尚未发现。所以市场竞争不激烈，十分有利于我们的发展。

7. 营销策略

营销战略：我们针对大学生和普通员工有限的经济实力，提出"低廉的价格，个性的服装"的口号，从而使他们在心理上消除价格顾虑。把每一位顾客都作为一个单独的市场，根据个人的特定需求来设计服装，以满足每位顾客的特定需求。

定价策略：我们没有统一的价格，根据设计、裁剪及面料的不同，定价是有差别的。建立会员制，按客户合作的次数提供不同的优惠（打8折和9折）。

推销手段：鉴于该项服务的特殊性，派推销员深入高校和企业，与消费者面对面地进行推销，免费为部分消费者做服饰方面的设计，免费赠送印有本公司电话、地址的小礼品；联系各大高校的协会、俱乐部；与企业建立良好的公共关系。

建立长期的服务关系：对本公司来说，稳定和提高市场占有率的一大要素就是与客户建立长期的关系。通过编制客户档案，建立客户信息网，进行客户评估分析，关注客户需求，尤其是怨言，以提高客户满意度和忠诚度。

8. 制造计划

服装材料可在文艺路批发市场选择一些长期的合作对象，裁剪由设计师手工完成。

9. 资金缺口及使用计划

（1）销售预测。

根据我们所作的市场调查，估计初期可达 500 人，五年内平均 20% 左右的年增长率。每件产品平均售价 400 元，成本 200 元，因此我们预计公司的销售情况如表 8-4 所示。

表 8-4　　　　　　　　预 计 公 司 销 售 情 况

年份	客户人数/人	客户净增加/人	客户总数/人
第一年	500	100	600
第二年	600	120	720
第三年	720	140	860
第四年	860	170	1030
第五年	1030	200	1230

（2）财务预测。

面积 100 平方米；租金 2000 元/月（每年 24 000 元）；计算机 20 000 元；人员工资 200 000 元/半年；预计广告费每年 4000 元；其他费用 1000 元/月（每年 12 000 元）。

预计公司财务情况如表 8-5 所示。

表 8-5　　　　　　　　预 计 公 司 财 务 情 况

年份	销售收入/元	成本/元	利润/元
第一年	240 000	380 000	-140 000
第二年	288 000	384 000	-96 000
第三年	344 000	412 000	-68 000

续表

年份	销售收入/元	成本/元	利润/元
第四年	412 000	446 000	−34 000
第五年	492 000	486 000	6000
第六年	592 000	536 000	56 000
第七年	712 000	596 000	116 000
第八年	856 000	668 000	188 000
第九年	1 028 000	754 000	274 000
第十年	1 232 000	856 000	376 000

（3）资金需求量及资金的用途。

本公司尚需融资 20 万元，用于聘请设计人员和营销人员。

思考题

请为安全防盗门锁芯专利编写创业计划书。

（一）任务背景

在全国各大城市，各种入室盗窃现象屡禁不止，造成财产损失的事故频频发生。安全防盗门，是按照相关国家规定制成和必须是经过公安部检测中心检测合格的带有防钻功能的防盗门专用锁，同时兼备防盗和安全的性能。现有一种新型的安全防盗门锁芯专利技术，请你通过市场调研分析，编写一份创业计划书。

（二）实训目的

教会学生分析创业商机的方法和工具，培养创新创业能力。

（三）实训内容

学习编写创业计划书。

（四）实训时间

学生在老师的指导下利用课余时间及 2 学时课内完成。

（五）任务要求

（1）学生 5～7 人组成项目小组，每个小组独立完成一份创业计划书。

（2）认真完成实训报告，不得抄袭。

（3）语言精练，用语规范。

（4）报告中的数据要建立在充分调查的基础上，将调查资料附在报告后面。

（六）实训结果

每个小组制作的创业计划书进行展示并进行公开项目路演，最后交由指导老师进行综合评定。

第九章　新企业的开办

通过学习本模块的内容，认识企业的组织形式，能够选择适合自己创业计划的企业组织形式，能够掌握合伙协议、公司章程的编写方法，明确企业注册流程。熟悉新企业选址策略，了解新企业资金预测与创业融资的方法。

案例导入

西安电力高等专科学校发电 932 班学生巩伟超，于 2013 年创办陕西康思特电气工程有限公司，担任总经理。经营范围：主要生产高压成套配电柜 KYN28A‒12/24、户外电缆分支箱 DFW‒12、封闭环网开关柜 XGN15‒12/24、低压成套配电柜 GCK（L）、GCS、GGD、MNS、GGJ、XL‒21 型、XM 配电箱，直流屏 GZDW 系统、ZBW‒12 预装型箱式变电站，密集母线桥，桥架，充电桩等 10kV 35kV 非标及国标电力设备；广泛应用于政府、酒店、大厦、场馆、矿业、房地产、医院、污水处理厂、学校等。公司自成立以来，获得电力设备发明专利 8 项，获得 AAA 认证，获得 CCC 认证 12 项，高新企业认定单位；并获得安装资质：承装承修承试三级、输变电三级、安全许可证、建造师等多项资质。

个人箴言：经商处事首以信为重；其次是义；第三才是利。

西安电力高等专科学校 2000 届热动专业 21971 班毕业生任运刚，毕业分配在上海附近的一家火电厂工作，工作勤勤恳恳，积累了工作经验。于 2010 年自己创业成立西安瀚昀电力设备有限公司，担任总经理。经营范围为电力设备、机电设备、化工设备及技术服务，公司自成立以来每年以 30% 的增长，公司不断增长壮大，获得同行好评。在 2016 年，由于业务需要，在江苏成立江苏聚合电力设备有限公司。业务不断扩大，先后在陕西、四川和江苏等地均有投资，为学校大学生创业树立了榜样。

思考：如何创办新企业？企业的组织形式有哪些？

第一节　新企业开办的法律流程

一、企业组织形式

企业组织形式指企业财产及其社会化大生产的组织状态,它表明一个企业的财产构成、内部分工协作与外部社会经济联系的方式。企业组织形式如图9-1所示。

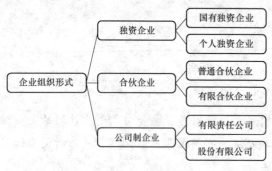

图9-1　企业组织形式

我国常见的企业组织形式有独资企业、合伙企业和公司制企业,其中独资企业包括国有独资企业和个人独资企业;合伙企业一般有普通合伙企业和有限合伙企业;公司制企业是指有限责任公司和股份有限公司。公民个人出资设立的企业一般包括有限责任公司、合伙企业和个人独资企业。

（一）独资企业

（1）国有独资企业。

国有独资企业是指国家单独出资、由国务院或者地方人民政府授权本级人民政府国有资产监督管理机构履行出资人职责的有限责任公司。

（2）个人独资企业。

个人独资企业是指依照《中华人民共和国个人独资企业法》在中国境内设立,由一个自然人投资,财产为投资人个人所有,投资人以其个人财产对企业债务承担无限责任的经营实体。无限责任指当企业的全部财产不足以清偿到期债务时,投资人应以个人的全部财产甚至是家庭财产用于清偿债务。

设立个人独资企业应当具备下列条件:

1）投资人为一个自然人;

2）有合法的企业名称;

3）有投资人申报的出资;

4）有固定的生产经营场所和必要的生产经营条件;

5）有必要的从业人员。

（二）合伙企业

合伙企业是指自然人、法人和其他组织依照《中华人民共和国合伙企业法》在中国境内设立的,由两个或两个以上的自然人通过订立合伙协议,共同出资经营、共负盈亏、共担风险的企业组织形式。分为普通合伙企业和有限合伙企业。

普通合伙企业由2人以上普通合伙人（没有上限规定）组成,合伙人对合伙企业债务承担无限连带责任。

有限合伙企业由 2 人以上 50 人以下的普通合伙人和有限合伙人组成，其中普通合伙人至少有 1 人，当有限合伙企业只剩下普通合伙人时，应当转为普通合伙企业，如果只剩下有限合伙人时，应当解散。普通合伙人对合伙企业债务承担无限连带责任，有限合伙人以其认缴的出资额为限对合伙企业债务承担责任。

设立合伙企业，应当具备下列条件：

1）有两个以上合伙人；

2）合伙人为自然人的，应当具有完全民事行为能力；

3）有书面合伙协议；

4）有合伙人认缴或者实际缴付的出资；

5）有合伙企业的名称和生产经营场所；

6）法律、行政法规规定的其他条件。

（三）公司制企业

公司是指依照本法在中国境内设立的有限责任公司和股份有限公司。公司是企业法人，有独立的法人财产，享有法人财产权。公司以其全部财产对公司的债务承担责任。公司是以营利为目的，由股东出资形成，拥有独立的财产，独立从事生产经营活动，依法享有民事权利，承担民事责任的企业法人。

（1）有限责任公司。

简称有限公司，是指根据《中华人民共和国公司登记管理条例》规定登记注册，由 50 个以下的股东出资设立，每个股东以其所认缴的出资额对公司承担有限责任，公司以其全部资产对其债务承担责任的经济组织。

设立有限责任公司，应当具备下列条件：

1）股东符合法定人数，有限责任公司由 50 个以下股东出资设立。

2）股东出资达到法定资本最低限额，有限责任公司注册资本的最低限额为人民币三万元。法律、行政法规对有限责任公司注册资本的最低限额有较高规定的，从其规定。

3）股东共同制定公司章程。

4）有公司名称，建立符合有限责任公司要求的组织机构。

5）有公司住所。

（2）股份有限责任公司。

又称股份公司，是指由一定人数以上的股东组成，公司全部资产分为等额股份，股东以其所认购的股份对公司承担有限责任，公司以其全部资产对其债务承担责任的公司。

设立股份有限公司，应当具备下列条件：

1）发起人符合法定人数，设立股份有限公司，应当有 2 人以上 200 人以下为发起人，其中须有半数以上的发起人在中国境内有住所。

2）发起人认购和募集的股本达到法定资本最低限额，以募集设立方式设立股份有限公司的，发起人认购的股份不得少于公司股份总数的 35%；但是，法律、行政法规另有规定的，从其规定。

3）股份发行、筹办事项符合法律规定。

4）发起人制订公司章程，采用募集方式设立的经创立大会通过。

5）有公司名称，建立符合股份有限公司要求的组织机构。

6）有公司住所。

二、企业注册流程

（一）申请营业执照

申请营业执照，须要办理企业名称预先核准、确定企业地址、形成公司章程、刻私章、办理验资后方可领取营业执照。申请流程如图9-2所示。

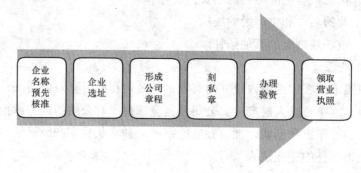

图9-2　申请营业执照流程

（1）办理企业名称预先核准。

企业名称经预先核准程序在设立登记前确定下来，可以使企业避免在筹组过程中因名称的不确定性而带来的登记申请文件、材料使用名称杂乱，并减少因此引起的重复劳动、重复报批现象，对统一登记申请材料中使用的企业名称、规范登记文件材料，均有重要的作用。

根据《中华人民共和国登记管理条例》规定，设立公司应当申请名称预先核准；设立有限责任公司，应当由全体股东指定的代表或者共同委托的代理人向公司登记机关申请名称预先核准；设立股份有限公司，应当由全体发起人指定的代表或者共同委托的代理人向公司登记机关申请名称预先核准。同时，该条例还第一次将《企业名称预先核准通知书》规定为公司申请设立登记时应当向公司登记注册机关提交的必备文件之一。

申请企业名称预先核准登记，应当由全体投资人指定的代表或委托的代理人，向企业名称的登记主管机关提交下列文件、证件：① 企业名称预先核准申请书；② 指定代表或委托代理机构及受托代理人的身份证明和企业法人资格证明及受托资格证明；③ 代表或受托代理机构及受托代理人的身份证明和企业法人资格证明及受托资格证明；④ 全体投资人的法人资格证明或身份证明。

企业名称登记主管机关应当自受理企业提交的全部企业名称预先核准申请材料之日起10日内，对申请核准的企业名称作出核准或驳回的决定。核准的，发给《企业名称预先核准通知书》；驳回的，发给《企业名称驳回通知书》。

（2）形成合伙协议或公司章程。

1）合伙协议依照《中华人民共和国合伙企业法》由全体合伙人协商一致、以书面形式订立。订立合伙协议、设立合伙企业，应当遵循自愿、平等、公平、诚实信用原则。合伙协议经全体合伙人签名、盖章后生效。合伙人按照合伙协议享有权利，履行义务。修改或者补充合伙协议，应当经全体合伙人一致同意；但是，合伙协议另有约定的除外。合伙协议未约定或者约定不明确的事项，由合伙人协商决定；协商不成的，依照本法和其他有关法律、行政法规的规定处理。

合伙协议应当载明下列事项：

① 合伙企业的名称和主要经营场所的地点；

② 合伙目的和合伙经营范围；

③ 合伙人的姓名或者名称、住所；

④ 合伙人的出资方式、数额和缴付期限；

⑤ 利润分配、亏损分担方式；

⑥ 合伙事务的执行；

⑦ 入伙与退伙；

⑧ 争议解决办法；

⑨ 合伙企业的解散与清算；

⑩ 违约责任。

2）公司章程是指公司依法制定的、规定公司名称、住所、经营范围、经营管理制度等重大事项的基本文件，也是公司必备的规定公司组织及活动基本规则的书面文件。公司章程是股东共同一致的意思表示，载明了公司组织和活动的基本准则，是公司的宪章。公司章程具有法定性、真实性、自治性和公开性的基本特征。作为公司组织与行为的基本准则，公司章程对公司的成立及运营具有十分重要的意义，它既是公司成立的基础，也是公司赖以生存的灵魂。《中华人民共和国公司法》中要求国有独资公司章程由国有资产监督管理机构制定，或者由董事会制订报国有资产监督管理机构批准。

有限责任公司章程应当载明下列事项：

① 公司名称和住所；

② 公司经营范围；

③ 公司注册资本；

④ 股东的姓名或者名称；

⑤ 股东的出资方式、出资额和出资时间；

⑥ 公司的机构及其产生办法、职权、议事规则；

⑦ 公司法定代表人；

⑧ 股东会会议认为需要规定的其他事项。股东应当在公司章程上签名、盖章。

股份有限公司章程应当载明下列事项：

① 公司名称和住所；

② 公司经营范围；

③ 公司设立方式；

④ 公司股份总数、每股金额和注册资本；

⑤ 发起人的姓名或者名称、认购的股份数、出资方式和出资时间；

⑥ 董事会的组成、职权和议事规则；

⑦ 公司法定代表人；

⑧ 监事会的组成、职权和议事规则；

⑨ 公司利润分配办法；

⑩ 公司的解散事由与清算办法；

⑪ 公司的通知和公告办法；

⑫ 股东大会会议认为需要规定的其他事项。

（3）刻私章。

刻法人代表和其他股东的私章。法人章刻须注意的事项：

① 法人私章与普通的私章没有什么多大区别；

② 一般多是双框，外边框较宽，里边稍窄；

③ 体积也比一般百姓的大，字体多采用繁体字；

④ 材质没有什么特殊要求。

（4）办理验资。

依照《公司法》规定，公司的注册资本必须经法定的验资机构出具验资证明，验资机构出具的验资证明是表明公司注册资本数额的合法证明。依照国家有关法律、行政法规的规定，法定验资机构是会计师事务所和审计师事务所，具体由在会计师事务所工作的注册会计师或在审计师事务所工作的经依法认定为具有注册会计师资格的注册审计师担任。

凭会计师事务所出具的"银行询征函"选择银行开立公司验资户，然后银行出具的股东缴款单、银行盖章后的询征函由银行寄至会计师事务所，公司章程、名称预先核准通知书、房屋租赁合同、房产证复印件送到会计师事务所办理验资报告。

（5）领取营业执照。

申请人向企业所在地工商机关提交的企业登记申请材料，企业所在地工商机关将依照相关法律、法规要求对企业登记申请资料进行审核。若企业登记申请材料齐全、符合法定形式，企业所在地工商机关将为申请人发放营业执照。

（二）刻章

凭营业执照，到公安局指定的刻章社，刻公章、合同章、财务章等。办理企业组织机构代码证和税务登记证，均需要用到公章或财务章。

（三）办理企业组织机构代码证

组织机构代码证是各类组织机构在社会经济活动中的通行证。代码是"组织机构代码"的简称。组织机构代码是对中华人民共和国境内依法注册、依法登记的机关、企、事业单位、社会团体和民办非企业单位颁发一个在全国范围内唯一的、始终不变的代码标识。

证书申领：自批准成立或核准登记之日起 30 日内，① 营业执照正本原件及复印件；② 单位公章；③ 法人代表身份证原件及复印件（非法人单位提交负责人身份证原件及复印件）；④ 集体、全民所有制单位和非法人单位提交上级主管部门代码证书复印件；⑤ 单位邮编、电话、正式职工人数等材料，到批准成立或者核准登记的机关所在地的质量技术监督部门申请代码登记，领取代码证。

办理程序：领表→填表→提交单位公章等资料→交费→（办理时限过后）领取组织机构代码证书和组织机构代码卡。组织机构代码示例如图 9-3 所示。

图 9-3　组织机构代码示例

（四）办理税务登记证

税务登记证，是从事生产、经营的纳税人向生产、经营地或者纳税义务发生地的主管税务机关申报办理税务登记时，所颁发的登记凭证。除按照规定不需要发给税务登记证件的外，纳税人办理开立银行账户、申请减税、免税、退税等事项时，必须持税务登记证件。纳税人应将税务登记证件正本在其生产、经营场所或者办公场所公开悬挂，接受税务机关检查。

税务登记自领取营业执照之日起 30 日内，提供① 营业执照副本原件及复印件；② 企业法人组织机构代码证书原件及复印件；③ 法人代表身份证原件及复印件；④ 财务人员身份证复印件；⑤ 公司或企业章程原件及复印件；⑥ 房产证明或租赁协议复印件；⑦ 印章；⑧ 从外区转入的企业，必须提供原登记机关完税证明（纳税清算表）；⑨ 税务机关要求提供的其他有关材料（"个体经济"可不报送②、④、⑤项材料），到税务机关窗口办理税务登记证。税务登记证示例如图 9-4 所示。

图9-4 税务登记证示例

三、企业注册相关文件的编写

（一）《公司设立登记申请书》

（二）《企业（公司）申请登记委托书》

（三）公司章程

以实物、工业产权、非专利技术和土地使用权出资的，应当就实物、工业产权、非专利技术和土地使用权所有权转移的方式、期限在章程中做出明确的规定；有限责任公司章程由股东盖章或签字（自然人股东）。

（四）股东的法人资格证明或者自然人身份证明

股东为企业法人的提交营业执照副本复印件；股东为事业法人的提交事业法人登记证书复印件；股东人为社团法人的提交社团法人登记证复印件；股东是民办非企业的，提交民办非企业证书复印件；股东是自然人的提交身份证复印件。

（五）验资报告

（六）董事、监事的任职文件

根据公司章程的规定和程序，提交股东会决议，由股东盖章或签字（自然人股东）。

（七）经理的任职文件

提交董事会的聘任决议，由董事签字。

（八）董事长或执行董事的任职证明

根据本公司章程的规定和程序，提交股东会决议或董事会决议等。股东会决议由股东盖章或签字（自然人股东），董事会决议由董事签字。

（九）住所使用证明

自有房产提交产权证复印件；租赁房屋提交租赁协议原件或复印件以及出租方的产权证复印件；以上不能提供产权证复印件的，提交其他房屋产权使用证明复印件。

（十）《企业名称预先核准通知书》

 思考题

请描述新企业开办的法律流程。

第二节　新企业选址策略

申请办理营业执照须提供公司注册地址的房产证及房主身份证复印件（单位房产需在房产证复印件及房屋租赁合同上加盖产权单位的公章），因此确定企业地址非常重要。同时企业选址影响运作费用、产品成本、销售和质量等。

《公司法》规定公司注册地址必须是商用的办公地址，去专门的写字楼租一间办公室，如果你自己有厂房或者办公室也可以。租房后要签订租房合同，并让房东提供房产证的复印件。签订好租房合同后，还要到税务局去买印花税，按年租金千分之一的税率购买，例如你的每年房租是1万元，那就要买10元钱的印花税，贴在房租合同的首页，后面凡是需要用到房租合同的地方，都需要有贴了印花税的合同复印件。

一、连锁企业选址困惑（以连锁企业为例）

众所周知，选址是连锁门店成功关键的因素，业内有句名言："门店最重要的是什么。第一是选址，第二是选址，第三还是选址"，可见选址对于连锁企业的重要性。成功的选址系统是连锁企业核心竞争力之一，但受专业及经验限制，国内连锁企业在选址的成功率上一直不高，通过咨询及接触，我们总结了多数连锁企业在选址方面主要存在以下三个层面的困惑：① 选址凭感觉，没有科学依据，风险非常大。② 成熟商圈店址很难获得，缺少投资收益预测，导致决策失败。③ 缺少系统和规范。选址成为扩张时最大难题。

第一种选址凭感觉的情况常出现在中小连锁企业，企业老板凭多年经验和直觉来判断店址。往往说不清楚道不明，成败多归咎风水问题。说起自身选址经验，多半是有缘或有感觉，没有科学依据，风险非常大。曾经有这样的故事，有一位美体连锁店的女老板介绍自己选店经验时自豪地说："站在那里闻一下空气，就知道能不能开店。"结果在深圳发展时连开三家都失败了。另有一位企业老总谈到他选址经验时说，就到小偷多的地方去开店，结果标准完全不可量化，更多的门店老板在选址的时候凭的是自己的主观经验，凭感觉来投资，由于没有科学根据，其风险非常大，碰运气成分居多。

第二种情况是连锁企业已有一定的选址标准和经验，也注重策略选址、占据有利位置等。但往往旺铺是一铺吃三代，很少转手，成熟商圈的店址更是千金难求，租金、押金高昂，选择店址时如不能准确预测投资收益，租金成本高于本行业利润率，将导致门店经营失败。另有一种类型，某些连锁企业为了降低成本或避开强势竞争实现"农村包围城市"策略，选择次商圈进行布点，也常因不能科学、准确地预测商圈成熟时机而沦为填坑或为人作嫁的下场。

以东方家园建材超市在广州的选址为例，作为在华南地区开设的第一家大型建材家居连锁店，东方家园 2004 年选址芳村时，选择在城乡结合部的未成熟商圈发展，原预期可获得周边楼盘未来发展带来的增长收益。但由于选址过于偏僻，周围都是批发市场，消费层次较低，客流量太少。整个市场至少需要 2~3 年的投入培育才能修成正果，选址先天不足加之经营手法上的缺陷，在辛苦煎熬 1 年多又歇业 7 个月之后，芳村店最终无奈地被百安居接管。

连锁业必须进行快速扩张，以此来降低运营成本，连锁企业在进入规模扩张时常出现第三种情况，由于没有建立和完善选址标准及规范，缺少组织和系统，一旦批量开店选址，人员分身乏术，找不到想要的店址，扩张计划不得不一再延迟，选址最终成为扩张战略最大阻碍，这里有代表性的案例是连锁药店排名第一的老百姓大药房，其进驻北京之后，在经过了 6 人拓展团队两年的"扫街"选址、三任总经理由此下课之后，才终于在北京开出了第二家店，延误了发展的时机。

西式正餐及休闲餐的选址要求与传统的餐饮店区别不大，但也有几个必须注意的地方，如必须地处商务氛围非常浓厚的区域，周边写字楼、酒店多；面积要求大，至少在 1000 平方米以上等。让我们以西餐店为例从几个不同类型区域的选址来看一下选址的选择策略。

二、企业选址策略

商业区选址

在城市中选择商场或商业大厦周边开西式餐饮应该是不错的。因为这些地方购物人群广泛，客源也相对丰富。虽然这些人群是以购物为主，但也有一部分人需要休闲和就餐。因为这些群体在就餐过程中不太注意菜品的价格高低，菜品基本都能接受，而最喜欢就餐环境卫生、洁净、舒适，喜欢菜的内容新、奇、特，以及时髦的创新品种，并且有可选性。在用餐方法上要求简单，时间上求一个快字。所以选择在这样的地区开西式餐馆，应以比萨、休闲餐和商务餐经营为好。

办公区选址

在办公区的主要消费群体是在区域内上班的白领和来访客户，一般他们的经济实力丰厚，用餐消费不太注意价格，但很关注菜品的质量。在这种地区选址开西式餐馆，应着重选择经营牛排馆、咖啡店和比萨店。

社区选址

首先要选择周边居民消费力水平较高的社区，只有这样才能保证经营的持续性。其次，由于社区消费的时间特性决定了只能以传统的西式正餐为重点对象。但对于一些高档的大型社区，也可以选择一些休闲类的餐饮和咖啡店、酒吧。

立地选择

西式快餐一般会选择在客流稠密之处，如繁华的商业街、写字楼聚集的商务区、交通枢纽以及消费水平中高档的社区。此外，在大型医院及大中学校等周边也是不错的选择。

立店障碍

西式快餐和其他餐饮一样，需消防、环保、食品、卫生、治安等行政管理部门会审，离污染源 10 米之内不得立店，相邻居民、企业或其他单位提出立店异议而无法排除，也会形成立店障碍。2002 年起我国部分省市按《大气污染防治法》规定：禁止在居住区或居住建筑内立店，因此 30 米范围内有住宅楼的店面也无法开店。

建筑要求

西式快餐一般需要店铺是框架结构，层高不低于 3.5 米；同时由于设置中央厨房的需要，面积一般不能小于 200 平方米；相应的电力配置不少于 20 千瓦/100 平方米；有充足的自来水供应及污水排放、生化处理装置，有油烟气排放通道，位置在地下室或一、二、三楼均可，但一般最好不要跨层分布。

租金及租期

大众化西式快餐店可承受的租金在 2～4 元/平方米/天，如果周边区域消费力非常充裕的也可到 8 元/平方米/天；而一些档次更高的消费型西式快餐店的租金可以达到 6～20 元/平方米/天。由于西式快餐店的装修费用较高及出租单价不高等因素，其租期一般来说不少于 5 年。

三、企业选址与地段的关系

以餐饮店选址为例进行说明。

餐饮经营者只有先明确所选商铺的详细信息与法律风险，才能解决商铺长远发展的后顾之忧。涉及具体餐饮商铺的选址上，由于餐饮业有着自己的行业特色和要求，不同地段的特征对餐饮业的要求不同。有六大地段可考虑餐饮店铺选址，当然，不同的地段经营的方式大不相同。

（1）如果经营者选择在车站附近经营，其主要顾客群便是来往的乘客，包括上班职工、学生等。在此地段最适合开设快餐店，需慎重处理的是定价问题，要分不同对象而有所不同。如成都小吃、丽华快餐等。

（2）如果商铺开在公司集中区，最主要的顾客为上班职工，其光临的目的不外乎洽谈生意或聊天。因此，开在此处的餐饮商铺如何应付午餐高峰时期的顾客以及如何处理假日及周末生意清淡时的局面成为选择该地段要考虑的重点。如九州渔港（茶餐厅）、湘鄂情、上岛咖啡等中高档兼备。

（3）如果选择在学校街道经营餐饮，学生便是此地段的主要顾客。商铺一天中没有明显的高峰与清淡时段的差异，但季节性的差异却相当大。学生利用餐饮店的动机，除了聊天、消遣之外，还有同学聚会或看书等。所以必须注意桌椅移动的便利，并准备书报杂志。如小土豆、麦当劳、肯德基等。

（4）如果选择在商业闹市区经营餐饮，此地段是约会、聊天、逛街、休息的场所，当然是开店最适当的地点。该地段无论对什么类型的店都较适合，但要有自己的特色。如星巴克、麦当劳等。

 思考题

新企业选址有哪些策略？如果你打算新开一家企业将如何选址？为什么？

第三节　新企业资金预测与创业融资

　　企业的设立需要充足的启动资本，因此创业者在企业成立前，应当确定企业需要多少资金？何时需要？资金能撑多久？从何处、向谁筹集资金？这个过程应该如何安排，怎样管理？这些问题对任何一个企业来说，都是非常重要的。创业者必须了解融资的相关知识。创业融资是需要通过一定的融资渠道、采用一定的融资方式来完成的，创业者需要了解不同的融资渠道、融资方式。

一、创业融资概述

（一）创业融资的概念

　　融资，就是资本的融通。有"海纳百川、融为一体"的意思。所谓创业融资，是指创业者为了把某种创意转化为商业现实，根据未来新创企业经营策略与发展需要，经过科学的预测和决策，通过不同的渠道、不同的方式向风险投资者或者债权人筹集资本，组织创业启动资本的一种经济行为。创业者应根据新创企业在成立前后的资本需求特征，结合创业计划以及企业发展战略，合理确定资本结构以及资本需求数量。创业融资解决的都是创业者在企业成立前后最紧迫需要解决的问题，在融资之前应做细致的规划，明确融资产生的原因和内容。

（二）创业融资的意义

　　资本是企业的血脉，是企业经济活动的第一推动力和持续推动力。企业的创立、生存和发展，必须以一次次融资、投资、再融资为前提。创业融资是为了解决企业成立前后的创业启动资金问题，是创业者的第一次融资，也是最关键和最重要的一次融资。

　　创业早期需要筹集较多资本，以便为企业启动提供足够资金。许多创业者随意从事融资任务，因为他们缺乏这方面的经验并且对它们的选择知之甚少。这种知识缺乏造成创业者对某些资本来源过于依靠，而对其他来源利用很少。创业者需要尽可能地对可得到的有关融资选择进行充分了解。企业成立后，开始购买资产、租赁办公场所、购置设备、启用并培训新雇员、建立品牌、支付漫长的产品开发周期的前期成本等，创业者为此提供的资金越来越困难。企业花费金钱到产生收益的时间差造成了现金流的问题，尤其是新创企业，解决现金流问题也需要更多的资本。

　　对投资者来讲，提供创业资本实质上就是个风险投资行为，如果所投入的资本不足够，不仅无法达到创业目标或根本无法经营，而且连所投入的资金也往往被卷入"黑洞"。如果企业在盈利前花掉了它所有的资本，那就意味着失败，即使它有优良的产品和满意的顾客。这就是不充足的资本会造成新企业失败的主要原因之一。为防止企业用完资金，多数创业者需要投资资本或银行信贷来解决现金流短缺的问题，直到他们的企业开始赚钱为止。新创企业通常很难从银行得到信贷，所以，新创企业常常寻求风险投资，或者设法进行某种创造性融资。

（三）创业融资的原则

　　对于创业者而言，创业融资是极为重要而复杂的环节。为了有效地筹集资本，创业者需要以较低的融资成本付出和较小的融资风险，获取较多的启动资本，为此需要遵循以下原则：

1. 效益和成本原则

企业进行融资的目的是为了进行投资，从而获得较大的经济效益。然而通过融资吸纳获得的资金是要支付一定成本的。不同的融资方式筹集资金，其支付的成本也不尽相同。创业者在融资中，需要在考虑项目效益的前提下，综合研究各种融资方式，寻求最优的融资组合以降低资本成本。

2. 合理规划原则

创业者对资金的需求是不断变化的，为此创业者应该根据创业计划，结合创业发展阶段，运用相应的财务手段合理预测资金需求量。同时，不同来源的资本，对企业的收益和成本有不同的影响。因此，创业者应该合理确定资本结构，主要包括合理确定权益资本与债务资本的结构、合理确定长期资本与短期资本的结构。

3. 及时处置原则

创业融资必须根据企业资本投放时间安排予以划拨，及时地取得资本来源，使融资与投资在时间上相协调，避免因资金筹集不足而影响生产经营的正常进行，防止资金筹集过多、资金闲置而造成的资金使用成本上升。

4. 合法融资原则

创业者的融资活动影响着社会资本及资源的流向和流量，涉及相关主体的经济权益，因此，合法融资原则要求企业在融资时，必须遵守国家有关法律法规，依法履行约定的责任，维护利益相关主体的权益，不能非法集资。

二、创业融资所需资金的测算

创业者必须先要有一定的资金，才能开展经营活动。究竟需要多少资金呢？你可能会认为小企业投资小，不需要详细计算启动资金，但有许多小企业在创业初期却因无钱购买原材料等后续流动资金不足而造成创业失败，也有许多小企业因为有限的资金分配不够合理而运行不下去。因此，正确预测启动资金需求是创业者创业前所必须考虑的问题。

（一）启动资金的预算

作为创业者应当学习确定创办企业必须购买的物资和必要的其他开支，并预测其总费用，这些费用叫做启动资金。

1. 启动资金的类型

启动资金分为固定资产和流动资金。主要是用来支持场地、办公家具和设备、机器、原材料和商品库存、营业执照和许可证、开业前广告和促销、工资以及水电费和电话费等的费用。

这些支出可归纳为两类：

一是投资类。是指为企业购买的固定资产以及为开办企业而支出的一次性费用。固定资产是指价值较高、使用寿命较长的资产，如设备、房屋、办公家具、交通工具等。一次性费用是指开办费、前期市场调查费用、装修费等。有的企业用很少的投资就能开办，而有的却需要大量的投资才能启动。明智的做法是，在创办企业时应尽可能把必要的投资降到最低限度，让企业少担些风险。

二是流动资金类。指企业日常运转所需要支出的资金。即指投产后，为进行正常生产运营，用于购买原材料、支付工资等所必需的周转资金。

2. 启动资金的预测

创业者要认真地对企业所需固定资产和流动资金进行预测，不同类型的企业所需资金有所不同。

（1）投资类资金预测。

投资需要的资金，创业时就必须有这笔钱，而且说不定要几年后企业才能收回这笔投资。因此，在创业之初，有必要预测企业固定资产和支出一次性费用到底需要多少资金。投资一般分为三类：

一是企业用地和建筑。创办企业都需要有适用的场地和建筑。也许是用来开工厂的整个建筑，也许需要租一个铺面。当创业者清楚了需要什么样的场地建筑时，要做出如下选择：建造新的建筑、购买现在的建筑、租房、在家开业。造房，如果创业者的企业对场地和建筑有特殊要求，最好造自己的房子，但这需要大量的资金和时间；买房，如果创业者能在优越的地点找到合适的建筑，那么买现成的建筑既简单又便捷。但现成的房子往往需要改造才能适应企业的需求，而且需要花大量的资金；租房，租房比造房和买房所需要资金少，这样做也更灵活。如果是租房，当你需要改变企业地点时，就会容易很多。不过租房不像有房那么安稳，而且你也得花些钱装修才能使用。这里需要注意的是，这些改造、装修等花费属于投资支出部分，但房屋租金属于流动资金支出部分；在家开业，在家开业最便宜，但即使这样也少不了要做些调整。在创业者确定企业是否成功之前，在家开业是起步的好办法，待企业成功后再租房和买房也不晚，在家工作，业务和生活难免互相干扰。

二是设备。是指创业者的企业需要的所有机器、工具、工作设施、车辆、办公家具等。对于制造商和一些服务行业，最大的需要往往是设备。一些企业需要在设备上投入大量资金，这样一来，弄清需要什么设备和选择正确的设备类型就显得非常重要。即便是只需要少量设备的企业，也要慎重考虑确实需要哪些设备，并把它们写入创业计划。

三是一次性费用。在开业之前，创业者还需要支付开业前的一些费用。例如开办费、装修费等。开办费还包括开业前市场调查费、培训费、差旅费、印刷费、注册登记费等。

（2）流动资金预测。

企业开张后要运转一段时间才能有销售收入。制造性企业在销售之前必须先把产品生产出来；服务性企业在开始提供服务之前要购买材料和办公用品；零售商和批发商在卖货之前必须先买货。所有企业在招揽顾客前都必须花时间和费用进行促销。所以，创业者要有一定数量的流动资金，用于支付以下开销：购买并存储原材料和成品、促销、工资、租金、保险、其他费用。

一般来说，创业者必须装备足够的流动资金来维持企业的正常运行。不同类型的企业对流动资金规模要求不同，一些企业需要足够的流动资金来支付 6 个月的全部费用，还有一些企业只需支付 3 个月的费用。创业者必须预测，在获得收入之前，新企业能够支持多久。一般而言，刚开始的时候销售并不顺利，因此，流动资金要计划足些。

一是购买并储存原材料和成品。制造商生产产品需要原材料；服务行业的营业者也需要一些材料；零售商和批发商需要储存商品来出售。预计的库存越多，需要用于采购的流动资金就越大。既然购买存货需要资金，就应该将库存降到最低限度。如果你是一个制造商，你就必须预测你的生产需要多少原材料库存，这样你才可以计算出在获得销售收入之前需要多少流动资金。如果你是一个服务商，你必须预测在顾客付款之前提供服务需要多少原材料库存。零售商和批发商必须预测他们在开始营业之前需要多少商品存货。

二是促销费用。新企业刚开张，由于消费者对自己生产的产品或提供的服务还不是很了解，为了促使消费者购买自己所提供的产品或服务，需要对自己提供的产品或服务进行促销，而促销活动需要一定的开支费用。

三是工资。如果新企业雇佣员工，在起步阶段就得支付员工工资。创业者还得以工资方式支付自己的生活费用。这样一来，计算流动资金时，创业者就要计算用于工资的资金，通过用每月工资总额乘以还没达到收支平衡的月数就可以计算出来。

四是租金。正常情况下，新企业一开始运转就要支付企业用地用房的租金。计算流动资金用于房租的金额，用月租金额乘以还没达到收支平衡的月数就可以得出来。而且创业者还要考虑到租金一付就是 3 个月或 6 个月，这样会占用更多的流动资金。

五是保险。同样，企业一开始运转，就需要投保并支付员工所有的保险费，这也需要流动资金。这里的保险包括社会保险和商业保险。社会保险是指国家的社会保险法规要求企业和员工都要参加社会保险，按时足额缴纳社会保险费、使员工在年老、生病、因公伤残、失业、生育等情况下得到补偿或基本的保障。为员工办理社会保险对企业来说具有强制性。目前我国的社会保险主要有养老保险、医疗保险、失业保险、工伤保险和生育保险。办理社会保险的具体程序和要求可到当地人力资源和社会保障部门咨询。商业保险是指经营企业总会有风险。各类企业的风险有差异，并非所有的企业风险都要投保。例如，产品需求下降这种企业最基本的风险，就只能由企业资金承担；而另一些风险则可以通过办保险来减少。如机器、存货、车辆被盗、资产发生火灾或意外等。企业的保险险种通常包含资产保险和人身保险。资产保险如机器、库存货物、车辆、厂房的防盗险、水险和火险，商品运输险、特别是进出口商品的这种险种；人身保险是业主本人和员工的商业医疗保险、人身事故保险、人寿保险等。

六是其他费用。企业在起步阶段，还要支付一些其他费用，例如水电费、办公费、差旅费、交通费等。

（二）运转过程所需资金的预测

为了使企业能正常地运转，企业必须有足够的资金予以保证，这就需要制定现金流量计划。现金就像是使企业这台发动机运转的燃料，有些企业由于缺乏管理现金流量的能力，可能会影响企业的正常运营。在大多数企业中，每天都要收取和支付现金，成功的创业者都要制定现金流量计划。

现金流量计划是以各项营业预算和资本预算为基础，由现金流入、现金流出两部分组成，但它的数据来源多个预算表——销售收入预算表、员工工资预算、营销费用预算等。

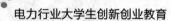

现金流量计划表反映了各项预算的收入款项和支出款项，其目的是在资金不足时筹措资金，资金多余时处理现金余额，并提供现金收支的控制限额，发挥现金管理的作用。如表9-1所示。

表9-1　　　　　　　　　　　现 金 流 量 计 划 表

项目各月份金额		1	2	3	4	5	6	7	8	9	10	11	12	合计
现金流入	月初现金													
	现金销售收入													
	赊销收入													
	贷款													
	其他现金流入													
	可支配现金（A）													
现金流出	现金采购支出（列出项目）													
	（1）													
	（2）													
	（3）													
	赊购支出													
	业主工资													
	员工工资													
	租金													
	营销费用													
	公用事业费													
	维修费													
	贷款利息													
	偿还贷款本金													
	保险费													
	登记注册费													
	设备													
	其他（列出项目）													
	……													
	税金													
	现金总支出（B）													
月底现金（A-B）														

现金流量计划显示每个月预计会有多少现金流入和现金流出企业。预测现金流量将帮助你的企业保持充足的动力，使你的企业不会出现金短缺的威胁。当然，制定现金流量计划绝非易事，常常有下列因素影响其准确性。

（1）有些销售需要赊账，赊销通常在几个月后才能收回现金。创业者在制定市场营销计划时，已经决定了赊销政策，因此需要考虑到这个因素。

（2）有时企业采购会赊销，以后再付现金，这也会使现金流量计划的制定变得更加复杂。但赊销对于一个新企业而言不太可能，因为也就不太常见。

（3）新企业的某些费用是"非现金"的，如设备折旧等项目将不包括在现金流量计划里。但是，当设备折旧期已过，就可能丧失功能，必须购买新设备。若没有考虑到这个因素，现金准备不足，不能按时购买新设备，将会影响企业的正常运转。

通过制定现金流量计划，会使创业者明确流动资金的需求量。现金流量计划有助于保证企业在任何时候都不会出现无现金使用的情况。为了保证新企业的正常运转，一旦发现现金短缺，企业应尽快考虑筹措资金的渠道和方式。

三、创业融资的渠道

融资渠道是指筹集资本来源的方向与通道，体现着资本来源与流量，属于资本供给的范围。从我国现实情况来划分，创业融资的渠道主要有以下几种：

（一）股权融资与债权融资

创业融资活动按照资本的来源和方式，可以划分为股权融资和债权融资。

1. 股权融资

股权融资也叫做权益融资，意味着创业者用未来企业部分股权换取创业融资，表现为未来企业出具的股票（适用于股份有限公司）、出资证明（适用于有限责任公司）。私募资本、风险投资和公开上市是股权融资的最常见来源。股权融资不是贷款，收到的资金不需要偿还。实际上，股权投资者成了企业的部分所有者，即股东。有些股权投资者进行所谓的长线投资，满足于通过股利支付获得他们的投资回报。更为一般的是，股权投资者具有三年或五年投资期，并期望通过股权买卖收回他们的资金并获得可观的投资回报。因为投资风险较大，股权投资者对创业者的要求非常苛刻，他们通常只考虑那种具有独特商业机会、高成长潜力、明确界定的利基市场以及得到证明的管理层的创业项目。未能适合这些标准的企业，获得股权融资就会很艰难。

2. 债权融资

债权融资对创业者来说主要是商业信贷。获得贷款最普通的来源是商业银行。一般来说，银行贷出的款项需还本付息。银行不是投资者，只对风险最小、有可靠的抵押和较易预测回报的创业项目感兴趣。银行贷款的理想候选企业，是具有强大现金流、低负债率、已审计的财务报表、优秀管理层与健康的资产负债表的企业。对这些标准的仔细评估，说明了初创企业为何获取银行贷款很困难。大多数初创企业处于它们生命周期的早期阶段，还不具备银行想要的一系列特征。表9-2归纳了股权融资与债权融资的优缺点。

表 9-2 股权融资与债权融资的比较

融资类型		优　点	缺　点
股权融资	使用个人存款	(1) 独享全部利润 (2) 减少债务数量 (3) 失败的风险转化为成功的动力 (4) 向借款人展示良好信用	(1) 可能损失自己的现金资产 (2) 需要个人较大付出 (3) 丧失了存款用于其他投资可能产生的收益
	向亲友借款	(1) 可筹集较多资金 (2) 分散财务风险	(1) 让出部分利润 (2) 让出部分所有权 (3) 可能干扰正常的经营管理
	合伙企业	(1) 宽松的现金来源 (2) 较小的压力和制约	(1) 私人关系破裂的风险 (2) 可能增加企业运作的复杂性
	有限责任公司	(1) 可筹集较大量的资金 (2) 分散财务风险 (3) 降低法律风险 (4) 降低税负	(1) 让出部分利润 (2) 让出企业部分控制权和所有权
	使用风险投资	(1) 这类资金就是为了帮助小企业 (2) 有利于寻求贷款	只关注其资本增值
债权融资	所有形式的借款	(1) 比较容易获得 (2) 企业控制权和所有权得到维护 (3) 可选择有利的时间归还 (4) 可以节约自有资金 (5) 借款成本可在税前列支 (6) 通货膨胀可以减少实际还款数	(1) 贷款必须归还，这对集中精力开始运营的初创企业来说可能很困难 (2) 要负担利息成本，要承担将来利润可能不足以归还借款的风险 (3) 可能导致滥用和浪费资金 (4) 让他人了解了财务及其他一些保密信息 (5) 贷款机构有可能附加一些限制条款

（二）内部融资与外部融资

创业的全部融资按资本来源的范围，可以划分为内部融资与外部融资两种类型。

内部融资是指在创业者自己或家庭通过原始积累形成的资本来源。内部融资是在创业者个人、家庭或者亲朋内部形成的，一般无须花费融资费用。对于创业者而言内部融资主要来源于创业者父母、亲朋的支持，也有个别来自于自己的积累。外部融资是指在内部融资不能满足需要时，向上述人际圈之外融资而形成的资本来源。对于很有发展潜力的创业项目来讲，内部融资难以满足需要。因此，创业者就需要并展开外部融资。外部融资大多需要花费融资费用。创业者应在充分利用了内部融资之后，再考虑外部融资问题。

（三）直接融资和间接融资

创业融资活动按其是否以金融机构为媒介，可以划分为直接融资和间接融资。

直接融资，是指创业者不经过银行等金融机构，而直接与资本供应者协商借贷或直接发行股票、债券等筹集资本的活动。在直接融资过程中，资本供求双方借助于融资手段直接实现资本的转移。间接融资，是指创业者借助银行等金融机构而进行的融资活动，它是传统的融资形式。在间接融资形式下，银行等金融机构发挥中介作用，预先聚集资本，然后提供给融资企业。间接融资的基本方式是向银行贷款，此外还有向非银行金融机构借款、融资租赁等。

（四）长期融资与短期融资

创业融资按期限的不同可以划分为长期融资和短期融资两种类型。

长期融资是指创业需用期限在一年以上的融资，通常包括各种股权资本和长期借款、应付债券等债权融资。短期融资是指创业需用期限在一年以内的融资，一般包括短期借款、应付账款和应付票据等项目，通常是采用银行贷款、商业信用等筹集方式取得或形成的。

四、银行信贷和创业担保

债权融资对创业者来说主要是银行信贷。但是，银行不是投资者，只对风险最小、有可靠的抵押和较易预测回报的创业项目感兴趣。银行贷款的理想候选企业是具有强大现金流、低负债率、已审计的财务报表、优秀管理层与健康的资产负债表的企业。对这些标准的仔细评估，说明了初创企业为何获取银行贷款很困难。谭木匠的创始人谭传华在创业之初，由于银行信贷四处碰壁，不得不在《重庆商报》上刊登《谭木匠招聘银行》的文章，掀起了民营企业融资的广泛讨论。但尽管是这样的困境，银行信贷依然是创业融资的主要渠道之一。

（一）银行信贷

1. 银行信贷的概念和意义

银行信贷是各类自然人或企业法人按照货款合同从银行等金融机构借贷长期或短期债权资本的融资方式。我国除了为配合国家科技发展计划、针对技术创新的科技贷款外，面向处于种子阶段、萌芽阶段的创业信贷资本相对较少，这也是符合银行信贷资本追求"盈利性、流动性、安全性"的基本要求。当创业企业在市场上已经存在一段时期、具有一定经营规模以及稳定的经营项目时，可以向银行申请信贷资本。

2. 银行信贷审查的要件

银行信贷资本是银行以信贷方式积聚和分配的货币资本。银行在评估贷款项目时以"盈利性、安全性、流动性"为基本原则，审查的因素通常被称作"6C"。

（1）品德资信（Character），指借款者对其所欠债务是否愿意归还，一般通过考察其过去的资信情况，以及通过同借款人面谈来做出谈判。

（2）经营能力（Capacity），银行越是相信创业者的发展前途不可限量，也就越不会计较抵押物资需要符合什么要求，因此，创业计划书的收益可行性、创业者的个人商业信用和偿还贷款能力都是非常重要的。银行主要通过审查其财务报表，看其资金的流入、流出是否正常，以及经营业绩来确定借款者的经营能力。

（3）资本（Capital），指借款人财务报表上的总资产总负债情况、资本结构、资产负债相抵后的净值，即借款人的财富状况。

（4）担保物价值（Collateral），指借款人用作借款担保物的质量，通常要求超过贷款价值的财物或权利作担保。

（5）经营环境（Condition），指借款人在经济衰退及其他事件中的脆弱性，或说他在最糟糕的情况下的还款能力。

（6）事业的连续性（Continuity），指借款人能否在日益竞争的环境中生存与发展。

3. 获得银行信贷的方法

创业的较高风险导致了银行一般不愿意贷款给创业者。银行寻找能可靠地归还贷款的顾客，而不是寻找风险投资家所追求的能获得巨大成功的业务。虽然，创业者获得银行贷款有较大困难，但并不意味着创业者就不能获得银行的支持。对于创业者来讲，可以从以下几个方面来取得银行借贷的兴趣：

第一，提供可靠的担保，转移银行风险。

银行感兴趣的是创业者是否能提供没有瑕疵的担保，而不是对创业者的风险投资回报。担保通常是物权担保，比如抵押、质押等。尽管银行并不想优先受偿这类担保的财物，但是为安全起见，还是必须要有担保的。抵押物主要针对不动产，包括创业者个人的房屋、土地等；质押包括动产和权利，包括存折、股票、债券、房契、保单等。此外，对于资本实力并不强的创业者，可以向专业的担保公司申请，获得创业担保。

第二，贷款期限尽可能短期，减轻银行风险。

银行一般都不愿意给小企业发放中长期贷款，而是以提供短期贷款这种最安全、最能赚取利润的办法。银行特别愿意考虑贷款在一年以内的情况，这样就便于及时地评估贷款的风险，决定以后的贷款方案。通常情况是，贷款期越长，银行需要的担保就越多，加到企业运作上的限制就越多。至于长期贷款，银行也可以发放，但一般需要用于购买重型设备、增加固定资产，或者购进别的小企业等方面。

第三，准备一份值得信赖的创业计划。

创业者要制定一份十分精细的创业规划，随时准备提交给银行审查，但大多数小本经营者却不能做到这一点。这是获得信贷的关键。深思熟虑的计划可以看作是创业成功的蓝图，它强迫你考虑创业运作的每一个细节。为银行提供一份有职业水平的计划，也就意味着为银行考虑贷款申请打下了坚实的基础。这样将留给银行一个好印象：计划周密、准备充分、实际可行、值得信赖、风险较小，从而得到贷款的机会就增加了。准备以上内容应当在具有专业知识的会计师、律师的协助下进行，因为他们在企业运作方面掌握不少供研究的统计资料，并能为我们的设想提出比较现实的分析。总之，要尽一切努力说服贷款银行相信企业是在良好的运作，是具有发展潜力的。可以视具体情况把样品、照片、顾客对产品需要的文字介绍、权威人士的推荐信以及有利于获得贷款的任何资料带到银行去。

第四，同银行建立良好的业务关系。

对创业者来说，最理想的情况就是同某一银行建立良好的业务联系，比如开户。在向银行申请贷款时，如果能说服熟悉贷款业务的朋友陪你一起去，就一定不要放弃这种机会。银行通常会特别优待自己的老客户，因此，创业者一定要保持并增加同银行的联系，增强银行协助自己业务活动方面的作用，并结识在那家银行工作的人员，就商业问题向他们求教。银行除了能提供资金上的帮助外，还可以给你出些主意。他们有良好的信息服务网，很容易得到全面的统计资料，而这些资料可以影响到私营公司的发展方向。银行都愿意向自己的固定客户提供信息，因为这是十分受欢迎的服务项目。

船王洛维克是一个很善于同银行打交道的人，他 19 岁开始借钱买船，由于有利可图，于是逐步摸索出一条成功的融资之道。洛维克准备借钱买一艘船，把它改装成油轮，因为运油比运货更有利可图。他在纽约找了几家银行，这几家银行看他穿着破旧的衣衫，就问他有什么可做抵押。他承认他没有什么东西供做抵押，但是他有一艘油轮。大通银行的人后来说:"洛维克来到我们这家银行,告诉我们,他把油轮租给了某家石油公司,他每月收缴的租金,正好可以按月偿还这笔贷款。因此,他建议把租船契交给银行,由银行去向那家石油公司收租,这就等于他在分期偿还银行的钱。"在许多银行看来,洛维克本身的信用也许不十分可靠,但是那家石油公司的信用却十分可靠。银行可以假定,石油公司可以保证按月付钱,除非发生了不可预测的天灾人祸。即使洛维克把货轮改装成油轮的做法失败了,只要那艘老油轮和那家石油公司仍然存在,银行就不怕收不到钱。银行就这样把钱借给了他,洛维克如愿以偿地买下了旧货轮,并把它改装成油轮,然后把它租出去,再利用它去借款,用借来的款再去买船。几年以后,洛维克想出了新的融资方法:先设计出一艘油轮,或其他有特殊用途的船。在船还没有建造之前,他就找到了租赁者。他手里拿着租赁契约跑到一家银行去借钱造船。这种借钱是分期偿还的方式,银行要在船下水后才能开始收钱。船一下水,银行就可以取租金,等贷款付清之后,洛维克以船主的身份把船开走。可是,在建造这艘船时,洛维克却一文没花。当银行仔细研究了之后,觉得洛维克的借钱方式很有道理,贷款信用有双重的担保。就这样,洛维克这个沉默不语、不愿张扬的人却拥有世界上最多的船只与吨位。

（二）创业担保

由于创业者往往并不具备先天的资本实力,于是,就出现了这样一种现象:一方面创业者融资难,大量企业嗷嗷待哺;一方面银行资金缺乏出路,四处出击,却不愿意贷给创业者。出现这种矛盾的主要原因在于,银行认为为创业者发放贷款,风险难于防范,而创业担保能够有效地解决这个问题。

所谓创业担保,即由专业创业担保公司为中小企业向商业银行提供贷款担保,对银行来说,降低了风险,对企业来说,获得了资金。根据《中小企业促进法》的规定,国家鼓励各种担保机构为中小企业提供信用担保。担保基金的来源,一般是由当地政府财政拨款、会员自愿交纳的会员基金、社会募集的资金、商业银行的资金等几部分组成。当创业者提供不出银行所能接受的担保措施时,如抵押、质押或第三方信用保证人等,创业担保公司可以向银行提供合适的担保。三方关系如图9-5所示。

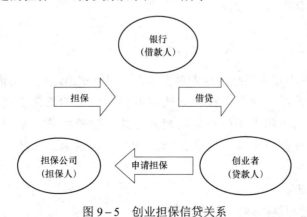

图9-5　创业担保信贷关系

与银行相比,创业担保公司对抵押物的要求更为灵活。当然,创业担保公司为了保障自己的利益，往往会要求企业提供反担保措施，有时创业担保公司还会派人员到企业监控资金流动情况。创业担保公司融资的优势在于：持现率高于银行；比银行融资更为灵活，如深圳的一些创业担保公司，个人资产、个人信誉均可担保，弥补了银行空缺。目前全国大部分城市建立了中小企业信用担保机构，创业担保数量激增，在国家政策和有关部门的大力扶植下，创业担保已成为中小企业另一条有效的融资之路。随着民营经济的发展，创业担保公司的市场也越来越广泛。

五、创业融资渠道的选择

通过对股权融资和债权融资以及其他融资渠道的比较，我们不难看出，创业者选择融资渠道是需要结合自身实际认真选择的，如图9-6所示。

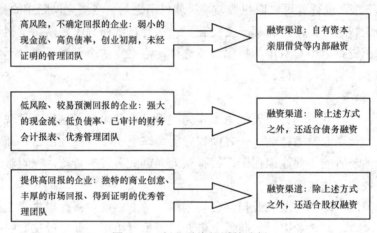

图9-6　创业融资渠道的选择

图9-6提供了一个参考的渠道选择方案，但创业者应该根据设立企业的具体情况、灵活地选择创业融资渠道，而不能简单地按固定模式照搬。

六、其他融资方式

（一）融资租赁

1. 融资租赁概念

融资租赁，是指出租人根据承租人对出卖人、租赁物的选择，出资向出卖人购买租赁物，出租给承租人使用，承租人按合同约定取得租赁物的长期使用权，在承租期间，按合同约定的期限向出租人支付租金的租赁方式。融资租赁的承租人在租赁期满可以按合同约定的方式处置租赁物，取得该物的所有权。这里的承租人即创业者，三方关系如图9-7所示。

2. 融资租赁特点

融资租赁与经营租赁不同，具有以下特点：

（1）出租人一般是专门从事金融投资的租赁公司。

融资租赁的承租人是以融通资金为目的，为达到此目的，融资租赁的出租人就负有融

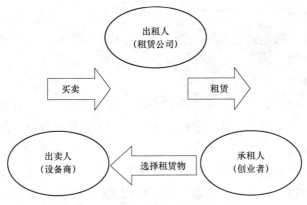

图 9-7 融资租赁三方当事人关系

通资金的责任，这种活动是一种金融投资活动，资金困难的承租人通过出租人的金融投资，解决了资金困难，达到融通资金的目的，因此，融资租赁是金融因素占主导地位的金融投资活动。

（2）承租人享有对租赁物的选择权。

融资租赁活动中，承租人享有并承担选择供货商及选择设备的权利和责任，出租人不能干预，除非承租人需要出租人的技术指导。

（3）出卖人直接向承租人承担附属义务。

承租期内，出卖人负有对设备的瑕疵担维修、保养义务（合同中另有约定的除外），但不享有租赁物的所有权，这一点是独特的。

（4）租赁期较长。

一般融资租赁的租赁期都比较长，一般为资产使用年限的大部分（75%或以上），租赁期多以设备的使用期为限，因此大多是"一租到底"，直到租货残值为零。

（5）租赁期届满，租赁物的所有权往往转让给承租方。

租赁期届满，对租赁物的处置一般以"留购、续租、退还"三种方式处置出租物，而大多是承租人以一定名义支付较小数额的费用取得出租物的所有权，作为固定资产投资。

3. 融资租赁的程序

融资租赁业务关系复杂，涉及多方当事人，虽然不同的融资形式有其不同的业务操作程序，但其基本程序大致如下：

（1）选择租赁公司。

承租人决定采用租赁方式取得某项设备时，首先需要了解各家租赁公司的经营范围、业务能力、资信情况以及与其他金融机构如银行的关系，取得租赁公司的融资条件和租赁费率等资料，加以分析比较，从中选择合适的租赁公司。

（2）办理租赁委托。

承租人选定租赁公司后，便可向其提出申请，办理委托。这时，承租人需要填写租赁申请书，说明所需要设备的具体要求，同时还要向租赁公司提供财务状况文件，包括资产负债表、利润表和现金流量表等资料。

（3）签订供货合同。

出租人依据承租人选定的设备与供货商协商签订供货合同。如果是直接租赁，承租人和供货商签订租赁合同。

（4）签订租赁合同。

承租人与出租人就租赁合同的具体内容平等协商达成统一，签订租赁合同，租赁合同应重点协商租金，租金支付的方式、手续费率、租期、利息率等双方的权利、义务。

（5）交货。交货是出租人的主要义务。

但交货不一定是出租人，一般都是由供货商直接将承租人选定的设备交给承租人，设备的验收及检验由承租人负责，并在检验验收后向出租人开立收据，出租人凭收据向供货商支付设备价款。交货是出租人的主要义务，但质量检验仍由承租人负责，把好这一关是设备及时投运的关键。一般来讲，出租人所交的货物应当附属有保险。

（6）支付租金。

支付租金是承租人的义务。承租人应按合同约定方式、数额、时间向出租人支付租金，不按期支付应承担违约责任。

（7）租期届满出租物的处理。

租期届满，对出租物一般采用"退租、续租、留购"三种方式之一处置，比较而言，双方大多采用"留购"方式，由承租人支付一定价款取得出租物的所有权，作为固定资产投资。

（二）典当

案例

周先生是位通信设备代理商，前段时间争取到了一款品牌新手机的代理权，可是问题在于要在三天内付清货款才能拿货。而他的资金投资在另一商业项目上，他很不甘心失去这得来不易的代理权。周先生想到自己的那辆宝马车。于是，他马上开车来到典当行。业务员了解情况后告诉他：当天就可以办理典当拿到资金。周先生非常高兴，立即着手办理典当手续，交纳相关证件、填表、把车开到指定仓库、签合同、领当金。不出半天的工夫，他就拿到他急需的资金。一个月后来赎当，这笔当金帮他赚了近10万元。

风险投资虽然是天上掉馅饼的美事，但只是一小部分精英型创业者的"特权"；而银行的大门虽然敞开，但有一定的门槛。"急事告贷，典当最快"，典当的主要作用就是救急。与作为主流融资渠道的银行贷款相比，典当融资虽只起着拾遗补阙、调余济需的作用，但由于能在短时间内为融资者争取到更多的资金，因而被形象地比喻为"速泡面"，获得越来越多创业者的青睐。

1. 典当的概念

典当是一种特殊融资方式，是指当户将其不动产、动产或权利作为当物质抵押或者将其房地产作为当物抵押给典当行，交付一定比例费用，取得当金，并在约定期限内支付当金利息、偿还当金、赎回当物的行为。当户有权在一定的当期内向典当机构还当金本息及其他合理费用赎回原当物；但过期不赎视为绝卖，典当机构则获得该当物的所有权或以该当物变价而优先受偿。

2. 典当的特点

典当是一种古老的行业，在许多人眼里或许具有不光彩的历史。但在近年的创业融资中，典当以它特有的优势和特点重新获得了迅速的发展。典当融资的优势和特点：① 便捷性，比较其他融资方式，典当融资能够迅速及时地解决当户的资金需求；② 当物灵活机动；③ 期限短，周转快；④ 实物质押、抵押，不涉及人格信用。这几点都十分适合创业者的资金需求特点。但典当的缺点是：除贷款月利率外，典当还需要缴纳较高综合费用，包括保管费、保险费、典当交易的成本支出等，因此它的融资成本高于银行贷款，这一点需要提请创业者予以注意。

3. 典当的流程

典当过程是指典当双方当事人之间从事典当交易行为的过程。通常情况下，这一过程总是按时间的先后顺序，划分为各自独立的并相互分离的阶段来实现和完成，即表现为审当、估价、出典、回赎和绝卖五个阶段。

（1）审当。

即审查当户证照和当物。属于个人典当的，应当出具本人的居民身份证；属于单位典当的，应当出具单位证明和经办人的居民身份证；属于委托典当的，应当出具典当委托书和被委托人、委托人的居民身份证；当物应当符合法律对于典当业务经营范围的规定。

（2）估价。

即按成新率及现行市价评估价值；按评估价值折算典当金额；按现定利率、手续费、保险费、保管费确定综合费率。

（3）出典。

签订典当合同，当户在协议及各部门的过户表上签字、盖章。典当合同亦称为当票，通常应当载明下列事项：典当行机构名称及住所；当户姓名、住所、有效证件及号码；当物名称、数量、质量、状况、估价金额；当金数额、利率、综合费率；典当日期、典当期、续当期；当户须知等。当户身份证复印件、证照列出清单与当物一同交保管员入库封存。

（4）回赎。

在约定的当期之内，当户可凭当票及相关证照办理回赎手续。客户本人赎取当物时需持本人身份证及当票方可办理回赎手续。结清综合手续费及典当本金，办理出库手续，发票单证归还当户。

（5）绝卖。

当期届满或续当期满后，过期回赎每日加收一定的服务费，在约定的期限后仍未清偿当金赎回的质物，即视为绝卖。典当行对于绝卖物品的处理，既可以折价变卖，也可以拍卖。根据《典当管理办法》的规定，估价金额 3 万元以下的，不拍卖；估价金额 3 万元以上的，必须拍卖。

（三）私人借贷

私人借贷是指创业者从家人、亲戚或朋友那里借来的资金。家庭和朋友一般都是创业者理想的贷款人，许多成功创业者在创业初期都借用过家人或朋友的资金。从家人和朋友那里筹集资金，有时候甚至是创业者唯一可行的选择。当然，这并不意味着没有风险，而是风险在加大。如果创业者经营失败，就无法偿还从家人和朋友那里得到的贷款，至少在短时期内是这样的，这会给创业者家人和朋友带来许多困难。也许对他们来说，借出的那一笔钱是不小的数目，而且由于这种贷款把亲情、友情和金钱搅在一起，有可能会带来更多的麻频。

对于私人借贷，尤其需要注意的是，在整个过程中，创业者要在一定的程度上把个人关系与借贷关系区别开来，注意下面两个原则：

第一，"亲兄弟，明算账"。无论创业者是从家人还是朋友那里借款，都要打上一个借条，写明借款的时间、地点、数目与条件。其中的"借款条件"可以参照当时的银行利息。

第二，开诚布公，告以实情。在借款之前，你最好向家人或朋友亲戚如实地说明你的经营情况与项目，包括其投资额度、预期收入与风险，然后把你的资金状况和缺口告诉他们，看看他们是否愿意将钱借给你，不要让家人或亲戚、朋友陷入一种尴尬的境地。如果你获得了他们的支持和贷款，你也要注意使他们不断地获得关于你真实的经营状况和信息，尽可能地避免他们内心对你产生的不信任。

（四）创业合伙或入股

在创业的时候，寻找到具有经济实力并且愿意出资的合作伙伴，对资金短缺的创业者来说，也是一个利好。如果合伙人都对企业投入资金的话，合伙的企业就能获得较多的启动资金。而这种资金的集合对创业者初期的创业活动可能是非常有益的。所以，如果你准备创业而资金又不足，寻找一个或几个合伙人或发起人是一种理想的方法，因为这种形式可以分散风险。在合伙企业制度下，所有合伙人共担风险、共享收益，都对合伙企业承担无限连带责任；在法人公司制度下，所有股东都以自己的出资额为限向法人公司承担有限责任。

（五）政府和社会中介机构的扶植

按照《中小企业促进法》等相关法律规定，国家应采取财政、金融、税收等方面措施，鼓励和支持中小企业创业，帮助中小企业技术创新和市场开拓，加强中小企业社会化服务体系建设，以促进其健康发展。我国设立了中小企业发展基金，用于支持建立中小企业信用担保体系，支持技术创新，帮助中小企业服务机构开展人员培训、信息咨询等工作，同时协助它们开拓国际市场，加强区域合作。此外，在促进中小企业技术创新方面，国家拨专款兴建各类技术创新服务中心、生产力促进中心、创业孵化器和科技园区，为其提供技术创新所需的各项技术、人才、信息、财务和法律等方面的服务，同时还通过多种途径设立技术创新基金、专利申请基金、人才培训基金，并设立科技创业投资机构，以此进一步促进中小企业的技术创新。

思考题

由于市场经济发展的需要，许多新的融资渠道和方式应运而生，显得纷繁复杂。怎样把握融资规模以及各种融资方式的时机、条件、成本和风险，这些问题都是创业者在融资之前就需要进行认真分析和研究的。试想一下，如果你是一个初创者，分析在融资过程中有哪些注意事项？

第四节 Facebook 创业融资案例

美国哈佛大学学生 Zuckerberg 创建了 Facebook 模板，让学生自己填写个人信息。消耗了他大量的时间，2004 年 7 月 4 日，Thefacebook.com（原始名称）正式启动两周后，一半的哈佛学生注册成为用户。不久，人数增加到学校总学生数的 2/3。Zuckerberg 的室友 Moskowitz 和 Chris Hughes 也加入进来，帮助经营网站，补充功能。当时网站还用一个虚拟主机，月租金 85 美元。其他大学的学生开始和他们联系，要求帮助建立他们的网上 Facebook。于是，3 个人在网上开辟出新区域，针对斯坦福、耶鲁等学校学生。5 月，共有 30 所美国高校加入，一些针对高校学生的活动和生意广告给网站带来几千美元收入。Zuckerberg 在他大 2 那年，决定和 Moskowitz、Chris 一起去帕洛阿尔。他们在斯坦福大学校园附近租了一幢房子，开始他的创业之旅。

困难

2004 年 9 月，另一个社会化网络站点 ConnectU 的合伙人 Divya Narendra，Camerones 和 Tyler Winlevoss 把 Facebook 告上法庭。他们称 Zuckerberg 非法使用了他们帮助建站时开发的源代码。这使他们开始卷入法律纠纷。与此同时，为了继续 Facebook，他们还面临着资金的匮乏。急需资金解决法律问题和发展问题的他开始进入起步艰难的困境。

获得天使投资

某天傍晚，Zuckerberg 在街上遇见文件分享软件纳普斯特的联合创造者 Sean Parke。在东部时，两人曾短暂见面。原来，Sean Parke 刚搬到帕洛阿尔，但是还没有自己的公寓。Zuckerberg 让他搬进了自己的公寓。Sean Parke 搬了进来，同时带来了源源不断的点子、一个装满重要名字的名片夹和一辆很酷的汽车。帕克还是一部活生生的青年企业家命运警示教材。在纳普斯特被唱片公司和电影工业的官司拖垮后，帕克帮助建立了 Plaxo——一家更新联系信息的网站。但是，根据 Sean Parke 的说法，他被红杉资本风险投资公司的 Michaelmoritz 排挤出来。MichaelMoritz 是风险投资传奇人物，也是雅虎、Google 和 YouTube 最早的投资者。Zuckerberg 把帕克的说教全部装进了肚子。几周，Sean Parke 把 Zuckerberg 介绍给他的第一个主要投资者 Peter Thiel。Peter Thiel 是在线支付公司 PayPal 的创始人之一，也是对冲基金 Clarium 资金的总裁及创业者基金公司的经营伙伴。Zuckerberg 就 Facebook 做了 15 分钟简短介绍后，Peter Thiel 流露出明显兴趣。Zuckerberg 通过这次谈话得到了他需要的信息。在会议结束时，他得到 Peter Thiel 承诺的 50 万美元启动资金，和被引见给硅谷上层社交网络的机会。这为他积累了人脉，同时带来了关键的起步资金。

发展

在获得天使投资之后，Zuckerberg 开始逐步实行自己的计划，不断完善 Facebook 的功能，扩大其影响力，并进行融资。据 2007 年 7 月数据，Facebook 在所有以服务于大学生为主要业务的网站中，拥有最多的用户：三千四百万活跃用户（包括在非大学网络中的用户）。从 2006 年 9 月～2007 年 9 月间，该网站在全美网站中的排名由第 60 名上升到第七名。同时 Facebook 是美国排名第一的照片分享站点，每天上载八百五十万张照片。在 2010 年世界品牌 500 强排名中，Facebook 超微软居第一。如今它的市值已经是 875 亿美元。

上市

2012 年，当地时间周五（5 月 18 日），全球最大社交网站 Facebook 正式上市。

Facebook 将其 IPO 的售股规模上调至大约 4.21 亿股。按照每股 38 美元计算，Facebook 将超过谷歌，成为硅谷有史以来规模最大 IPO。持有公司 28.4%股份的创始人 Zuckerberg，身家将达到近 300 亿美元。

总结

纵观 Facebook 的发展史，毫无疑问，Zuckerberg 是当代的一个天才，他创造了世界的一个奇迹，也是最年轻的亿万富翁。这大部分归功于他的才华、创意、机遇以及坚持不懈的努力。同时，我们可以发现，在他起步的关键阶段，那一笔至关重要的天使投资帮助他迈出了成功的第一步。Facebook 让人与人的交流变得更加简单和快捷，缤纷的世界变得更加开放和真实，在插上资本的金翅后一举成为全球最大的社交网站。它与当代许许多多成功的天使投资案例一样，揭露天使投资神秘面纱的同时，预示在未来天使投资将遍及各行各业。

 拓展知识

最好的机会来自抱怨

一天深夜，美国加利福尼亚的一家医院来了一对年轻夫妻，男的愁容满面，女的抱着一个正在哭泣的婴儿。这对夫妻来到了值班医生的办公室。医生看了一下婴儿，便知道又是一起吃食烫伤（就是在给孩子喂流汁的时候，没有掌握好食物的温度，因此将孩子的口腔烫伤）。值班医生给婴儿检查完后，安慰道：不太严重，及时治疗最多两个星期就可以恢复了。"

医生看着心事重重的年轻夫妇，抱怨道："如果汤勺上有个温度计就好了，可以避免多少婴儿烫伤呀。"

医生只是随口说说，可是这个年轻人却灵机一动：有这么多的孩子烫伤，那么研究出一种带温度计的汤勺销路一定会很好。

这个青年想着，回家后又和家人进行了讨论，最后一家人都觉得可行，而且成本也不高，一个温度计为 20 美分，而一个汤勺为 10 美分。于是这个青年找到一家厂家说明了自己的想法，先加工了 100 个这样的温度计汤勺，然后把这些温度计汤勺放到一些妇婴用品超市，每支售价 1 美元。没想到不到一天时间，这些温度计汤勺就被抢购一空，甚至没有买到这种温度计汤勺的妇女要求预定。

于是，这个青年看到了商机，他首先向专利局申请了专利，然后开始大规模生产这种温度计汤勺。果然这批温度计汤勺投入市场后马上就引起了抢购热潮，一个温度计为 20 美分，一个汤勺为 10 美分，成本只不过 30 美分，可是售价却为 1 美元，近 3 倍的利润。这个青年也借此机会大赚了一笔，还受到当地政府的嘉奖。

　　这个青年靠这笔钱开始进入妇婴用品市场，最后他凭借自己的努力，创办了美国著名的妇婴用品企业——美国强生公司，这个青年就是美国强生公司的创始人之一罗伯特·伍德·强生。

第十章　新企业的生存与成长管理

任务目标

通过本模块的学习，了解新企业生存的特点及成长管理的方法。

案例导入

　　西安电力高等专科学校 12971 级供电专业学生王根元毕业后立足自己所学的专业，刻苦钻研，抱着不服输的精神，以顽强的毅力自主创业，同合伙人开创了西安西瑞控制技术股份有限公司，一直担任副总经理职务。该公司主营业务：主营变，配电一、二次设备，矿井高可靠供电产品，年销售业绩 8 千万～1 亿。他个人曾获陕西省科技进步二等奖、西安市科技进步三等奖、西安市高新区优秀共产党员。他的个人箴言是：勤能补拙，贵在坚持。王根元能获得这样的成绩和他的个人努力与坚持密不可分。

　　创业者创办一家新企业，当然希望它不仅能够生存下来，而且希望它能够快速成长，但有时却不能如愿以偿，创业活动才刚开始便偃旗息鼓，以失败告终。那么，这时就需要对新企业生存和成长管理进行分析。大学生创业者应了解创办新企业可能遇到的风险类型以及应对策略，以圆满完成新创企业向成熟企业的过渡。

第一节　新企业管理的特殊性

　　全球创业观察（GEM）报告中的新企业，指的是成立时间为 42 个月以内的企业。而新企业的成长期可分为三个阶段，即初创期、调整期和快速发展期。其中快速发展期决定了企业在将来发展的潜力和命运，也决定了企业是否能成长为创业者心中理想的企业。创建新企业之时，我们自然想知道：企业管理到底是怎么回事？企业管理是对企业生产经营活动进行计划、组织、指挥、协调和控制等一系列活动的总称，是社会化大生产的客观要求。企业管理是尽可能利用企业的人力、物力、财力、信息等资源，实现多、快、好、省的目标，取得最大的投入产出效率。那么企业对社会到底如何做贡献、如何创造价值？企业管理的逻辑是什么？

　　管理重在追求或取得成果。检验管理的一个原则是：是否达到了目标，是否完成了任务。当然，这个原则并不是在所有情况下都适用，管理者应该把精力和注意力放在"行得通"的事情上。

管理者之所以成为管理者，是因为他们眼观全局，着眼于整体，把整体发展视为己任。管理者应该理解自己的任务，不应从自己的职位出发，而应着眼于如何运用源于职位的知识、能力和经验来为整体效力。

一、新企业的管理特点

（一）企业初创期的管理需要依靠创业者个人能力

一般企业刚刚成立时，创业者需要事无巨细，亲自参与企业运营的各个环节，如产品生产、技术把关、谈判、招聘等。创业者的亲力亲为，一方面能够帮助创业者深入了解企业的经营环节，另一方面则体现了创业者对创业成功的渴望。另外，由于初创期无论是企业管理制度的确立，还是创业团队的磨合，都还处于不成熟的阶段，这就需要创业者依靠个人的领导能力、交际能力、管理能力及个人魅力等，为企业的初创期保驾护航。

管理者怎样在自己的部门或组织内部创造和谐、完美的工作氛围呢？有些管理者一板一眼地按照教科书上说的来做，但效果却不是很好。其实，只要管理者能够赢得周围其他人的信任，那么他所管理的部门或组织的工作气氛就会是和谐的。

（二）新企业的行动目标是取得优良的经营业绩

管理者要能运用正确的或创造性的方式思考。正面思维的原则能让管理者把注意力放在机会上。事实上，发现和抓住机会要比解决问题更重要，但这并不是说管理者可以忽视存在的问题。有效率的管理者能够清楚地看到问题和困难，并不加以回避，而是先去寻找可能的办法和机会。

企业的生存无疑是新企业管理的重中之重，让企业生存下来的最直接有效的途径就是提高销售业绩，使企业的产品能够得到市场和消费者的认可。因此，企业内部人员（包括创业者本人），需要通过人际关系和各种宣传渠道去争取客户。所以，新企业的行动目标皆是以提高经营业绩为最高宗旨。

（三）新企业所施行的是"专注要点"的管理方式

管理者要专注少数真正重要的东西。许多管理者热衷于寻找所谓的"秘方"，其实这是一种冒险行为。倘若真的有什么"秘方"，那就是专注要点应该是最重要的。要具备专注要点的能力、技巧和纪律性，是效率高的典型表现。管理者要会利用现有的优点，而不是那些需要重新建立和开发的优点。但现实中，很多管理者总是致力于与之相反的方面，即开发新的优点，而不是发挥现有的优点。如果这样，即使管理方法很有技巧，看上去也很科学，但造成的管理失误却是无法弥补的。成熟的企业制度完善、部门齐全，所以企业成员对公司可以采取更具有针对性的管理。但是这恰恰是新企业所不具备的。

二、新企业的优势与劣势

（一）新企业的优势

新企业虽然不具备成熟企业的那些优势，如资金雄厚、制度完善、员工结构的合理性等，但是新企业也有着自己独特的优势。创业者通过发挥和利用这些优势，可以在市场竞争中扬长避短，逐步壮大自己。

（1）没有成功的包袱。

成熟企业由于运营多年，或多或少会形成一套墨守成规的做法，其员工则更倾向于维持现状。而新企业则更具有开拓进取的精神，没有包袱，承担风险的代价不大。

（2）组织简单效率高。

新企业内部结构比较简单，企业员工也比较精干，对未来的美好憧憬激励他们更快、更有效率地工作。

（3）对市场变化应对快。

新企业由于规模有限，所以必须采取有针对性的发展战略。因此，当市场发生某种变化时，新企业能更快速地作出相应的调整和变化。

（4）企业销售业绩增长快。

由于新企业在市场中的竞争力有限，一般对同行业的成熟企业威胁性不大，所以新企业能在较为轻松的市场环境中发展，而且投资回报率高，企业销售业绩增长快。

（二）新企业的劣势

当然，新企业与成熟企业相比，劣势也是比较明显的，其主要表现为资源匮乏、制度不完善和因人设岗等问题。

（1）资源匮乏。

新企业是行业里的新兵，对于客户来源和中间渠道都比较陌生，短时间内很难树立起企业形象和客户忠诚度。另外，资金不足几乎是所有新企业共有的问题。通过融资而来的资金，用在了需要较长时间才能产生效益的投资项目上，如产品的设计、生产、促销，合作伙伴的促成等，大大占用了企业的流动资金。另外，新企业为了使自己的产品更具有优势，不得不使用产品打折的方式促销产品，如此一来，产品的利润率便会大大减少。利润率的降低又会影响企业下一步产品的研发。总的来说，这都是资源匮乏造成的。

（2）制度不完善。

由于大多数的新企业没有管理经验，因此只得借鉴和复制其他成熟企业的管理方法。但是各个企业的管理方式又存在着一定的差异，所以简单的复制或者克隆，必然在实际管理中会出现许多的问题。

（3）因人设岗。

初创期的企业员工所承担的工作义务和责任是交叉重叠的，这个时期的创业者主要是根据成员个人能力来分配任务，而并非围绕工作本身开展工作。如此一来，便会出现职责交叉、重叠、空缺的现象。

第二节　新企业的生存管理

新企业在创建初期，通常都会遭遇资金不足、制度不完整和因人设岗等诸多问题。这与创业者的实力、能力和经验都有很大关系。那么新企业如何生存，一是要思路清晰，二是要专注细分市场，三是要打造自己的产品特色。

一般情况下，新企业在创建初期会以生存为首要目标，其生存管理重点分为两个方面：经营管理和人力资源管理，其中经营管理又分为资金和运营两方面。

一、经营管理

（一）资金方面

新企业与形成一定规模的企业在现金流的运用上有所不同，形成一定规模的企业，根基相对牢固，资金链和市场也相对稳定，它们抵御困难的能力相对较强，而且会有多种补救渠道。但新企业既没有什么根基，也没有固定的资金链，市场需要一点一点积累，例如现金流出现问题，很容易一口气喘不过来就迅速消亡。所以，创立新企业必须不断创造自由的现金流来维持企业运转。

所谓现金流（现金流量），是指一个项目所引起的在未来一定时期内所发生的现金支出和现金收入的增加额。现金流中的"现金"，不是通常我们所指的手持现金，它不仅包括库存现金和银行存款，还包括与项目相关的非货币资源的变现价值。例如，一个项目所需用的厂房、原料和设备等，相关的现金流则指的是这些东西的变现价值，并非它们的账面价值。

（二）运营方面

创业者在企业创立初期，除了要妥善管理资金流动，更要在运营方面多下功夫，使企业生存多一份机会。运营的目的大多是成本控制，如何让投入产出比更大。所以，新企业所有的决策也都根据这一目标而制定。新企业在市场上要精耕细作，以最大限度地提高产品的附加值。应充分利用现有的企业资源，一方面在产品上走创新和精细化道路，另一方面在营销上还应采取精细化的市场策略。资源虽少，但若能得到充分的利用，也能使企业持续与健康地发展。

拓展阅读

西安电力高等专科学校杨世虎曾是我校11952级毕业生。现工作单位：新疆众和股份有限公司。职务：集团副总经理。

新疆众和股份有限公司，是中国铝电子新材料战略性新兴产业在新疆的研制出口基地，于1996年在上海证券交易所上市，是新疆第一家上市的工业企业。历经五十多年的发展，已形成以"高纯铝－电子铝箔－电极箔"新材料循环经济产业链为核心，集物流贸易、制造技术服务、矿产资源开发共同发展的"1+4"产业战略格局，成为中国新材料领域的核心骨干企业，中国铝加工制造百强企业，中国电子元件百强企业。产品广泛应用于重大装备领域、航空航天、电子信息、交通领域（包括大飞机、汽车工业、轨道交通等），全面替代进口，并实现向原产地美国、日本、韩国、欧洲等发达国家和地区批量出口，销售网络覆盖亚、欧、美等15个国家和地区，年销售收入65亿元。

公司被认定"国家级企业技术中心"、博士后科研工作站、铝电子材料国家地方联合工程实验室、国家技术创新示范企业、国家绿色工厂示范企业、国家两化融合贯标企业、通过国家军工四证认证体系企业、国家海关 AEO 高级认证企业、荣获自治区第二届人民政府质量奖、承担 7 项国家"863"项目，2 项国家科技支撑项目、1 项国家重大科技专项、上市公司优秀董事会奖等。杨世虎在公司工作 20 年，先后六次获公司各级先进奖励，从一名普通操作工成长为公司副总经理。

他的个人箴言：德为根、勤为杆、能为叶。

经营理念的确立，在新企业管理中有着独特的地位和价值。要想在资源不足，市场需求不稳定的情况下，让企业生存下来，独特的经营理念往往非常奏效，这也是一个成功的大学生创业者善于利用经营理念进行新企业管理的案例。

二、人力资源管理

（一）新企业在人力资源管理方面常遇问题

（1）人力资源重视程度低。

由于新企业将主要精力集中于产品的销售和市场的开发上，对于人力资源无暇顾及。许多新企业缺乏专门的人力资源管理人员，经常出现员工薪酬管理混乱、资金运转和使用浪费的现象。还会出现责任不明确、劳资关系不明晰的现象。

（2）人力资源管理规范化低。

企业管理就好比是盖高楼，楼盖得再高，如果根基不稳，迟早免不了倒塌的命运。新企业对招聘员工的标准较低，且培训机制也大都不够完善，他们将这种非规范化的人力资源管理称为灵活应变。但是当企业发展壮大之后，这些因不规范管理导致的问题便会逐步显现出来。

（3）人力资源管理重才而不重德。

新企业在人才的配置过程中注重工作技能本无可厚非。但过于注重技能容易发生以偏概全现象。让那些缺乏职业道德却有些"才能"的小人得势，危害企业。有关企业能人泄露秘密、携款外逃的时间经常见诸报端。新企业一定要注重把考查员工道德素质放到首位。把人才的"德"作为人才的第一素质加以强调。以免为日后企业的发展埋下了隐患。

（4）人员配置规划缺少全面性，对培训机制的理解存在误区。

人员的选取、配置和使用是否合理，这是关系到企业发展成败的大事，国内外诸多成功公司如海尔、宝洁、丰田等公司在人员的合理化配置上都下足了功夫。在全球化的经济浪潮环境下，企业要想在现有市场与规模的基础上有更长远的发展，必须在适应环境的同时进一步为企业注入新的力量。

（二）新企业人力资源管理的对策

（1）杜绝因人设岗问题。

新企业刚刚成立，缺乏具体岗位设计标准，一些岗位由创业者自行设立。通常情况下，他们都缺乏人力资源管理方面的知识和技能，存在因人设岗问题，也就是不善于针对具体的人员设置岗位。这样，会产生很多人事问题，职责很难确定，绩效目标也很难考核，而且这些岗位与企业其他岗位融合困难，会让企业付出额外成本。所以，创业者应注重对人才资源管理机制的建设。

（2）重视人力资源的培训与开发，加大人力资本的投资。

从当前的情况来看，企业的竞争终究会落实到人才竞争上，为了更好地发挥企业人才的作用，就需要专业化人力资源队伍，只有人力资源队伍充分发挥其管理的职能，才能更好地将员工协调组织到一起，明确企业的发展目标，使企业的发展优势更加明显。在进行人力资源队伍选拔的时候，需要注意如下几个方面的内容：其一，选择合适的人员，人力资源管理工作并不需要智商上具有很大的优势，只要在相关的专业技能上能够胜任，工作热情能够体现，对这个工作有着很好的适合度，就可以胜任这个过程，这样其才能在这个岗位充分发挥其价值。其二，要对其进行激励，人力资源工作的对象是人，若是以薪酬来对其激励的话，则其很难从中实现自己的价值，为此应该将个人技能、能力、绩效作为考核其能力的手段，这样在人力队伍中，其就能充分发挥自身的价值。其三，挖掘员工的潜在能力。企业在选拔人才的时候，不能只关注其现有的才能，而应该以发展的眼光来挖掘其潜在的职能，这样才能使其获得更好的发展。

（3）创业者深入细节。

不少大学生都怀有自己的梦想、去创办一家新的企业。他们通常都是第一次从被支配者的角色走向支配者的角色，想法很多也很杂。通常情况下，不管企业以什么样的形式展开，由什么样的人员组成，做什么样的决策，大学生创业者都要亲自深入各个运作细节，保证企业正常发展。

第三节　新企业的成长管理

企业成长主要就是企业结构和功能的不断完善，也就是企业的"质"的变化，而不能仅仅盯住企业的规模。尽管不存在单纯的量的增长，但在短期内快速扩张的企业应该不能称之为"成长"。新企业在有了生存保障后，最重要的问题就是迅速成长，在市场上取得一定地位，所以成长管理就非常重要。在这一过程中，创业者要注重整合外部资源，同时管理好让企业持续成长的人力资本，以及实现从创造资源到管好、用好资源的思维转变，形成较为固定的企业文化价值观。用成长来解决成长过程中所遇到的疑难杂症，还要从过分追求速度，转变为注重提升企业的价值。

新企业想要得到非常好的成长，就需要一些必不可少的推动因素，这些因素能够持续有效地推动企业继续向前发展和成长。推动因素分为内部因素和外部因素，内部因素有人力资源、自身竞争力、商业活动、企业文化；外部因素有市场、组织资源、品牌认可度。如何利用好这些驱动因素，帮助企业又好又快又健康地成长，是一个优秀大学生创业者必须要学会的。

一、企业成长推动内部因素

（一）人力资源

众所周知，人才是兴国之源，创业之本。改革开放以来，在市场经济大潮的推动下，多数行业及企业进入了高速发展时期，很多企业都是在摸索中求生存、求发展。人力资源是企业最宝贵的资源，人力资源工作的优劣直接影响企业的生存与发展，人力资源部门肩负着为公司实现战略目标，为员工创造人生价值的伟大使命。人力资源是组织资源里非常复杂的一环，人也是最难控制和掌握的。如果能充分利用组织成员的知识、能力、技能以及他们的协作力和创新力的话，就会为企业创造出非常大的推动力，而且在节约成本方面会起到良好效果。

如何做好人力资源工作不仅是一种能力，更是一种艺术，值得去深思和学习。管人是企业管理最难的一个环节，现代管理都以制度管人。人力资本含有非常复杂的成分，它不仅是有形的，还是无形的，管好人力资本不仅需要一个良好的制度，更需要人性化的策略和技巧。

对于一家新企业来说，创业者和他的团队是人力资源中非常重要的一个环节。有一句名言是这样说的，企业的血液可以替代，但企业的基因绝对不可以复制。这里的基因就是创业者和他的团队。他们给予了企业生命，帮助企业形成经营模式和企业文化。没有一个好的创业者和好的创业团队，想要创业成功，是不可能的。做好企业管理是一件很重要的事情，而做好人力资源就是最重要的环节。

（二）自身竞争力

对企业竞争力起决定性作用的因素主要包括企业的制度创新能力、技术创新能力、管理创新能力和企业文化，因此，提升企业核心竞争力的基本途径，就是不断增强企业的创新能力，并培育符合现代市场竞争要求的企业文化。新企业想要快速成长，让产品和服务占领市场，就要在提高自身竞争力上下功夫。其中包括新产品开发、改进现有产品和服务。企业有了良好的自身核心竞争力，不仅能够抵御竞争者，获得发展空间，还能够提升创业者和企业的各方面素质。

 案例

企业二次创业的战略——史玉柱和巨人集团的沉浮

在中国经济改革的浪潮中，史玉柱无疑是具有传奇色彩的创业者之一。从一穷二白的创业青年，到全国排名第八的亿万富豪，再到负债两个多亿的"全国最穷的人"，再到身家数十亿的资本家，史玉柱和他的巨人集团，和他的团队，在中国的企业史上，正演绎着小说般跌宕的故事。

随着 11 月 1 日巨人网络成功登陆美国纽约证券交易所，史玉柱旗下的国内著名网络游戏商成功融资 10 亿美元，而持股 1.4 亿股的史玉柱仅其股票市值一项，其个人财富就达 190 亿元人民币。加上最近发布的胡润百富榜统计的 280 亿元财富，史玉柱的身价已达 470 亿元人民币，进入国内富豪十强行列。这是史玉柱巨人大厦倒塌之后重整旗鼓的标志。

巨人集团沉浮的故事，是一个很好的关于企业二次创业的案例。巨人集团起初能以较快速度地发展，也是因为经营战略选择的正确，能够集中资源在软件一条产业链上不断创新，如 1992 年开发巨人汉卡，一年销售收入就达 1 亿多元。但在二次创业的战略上，巨人集团（或者史玉柱，应为当时基本就是他的一言堂）选择模式和时机有失误。后来史玉柱反省其当年失败的四大失误之一就是盲目追求多元化经营。巨人公司涉足的计算机业、房地产业、保健品业等行业跨度太大，新进入的领域并非优势所在，却急于铺摊子，有限资金被牢牢套死，巨人大厦导致财务危机，几乎拖垮了整个公司。

专业化还是多元化的选择往往与企业资源、行业特征密切相关。在企业剩余资源不足、经营能力有限时，应选择单一行业乃至单一产品实行专业化经营，集中优势争夺市场领头羊地位。当企业技术在行业中处于领先地位，市场扩展空间很大时，企业没有必要采用多元化经营战略。选择有前景的行业，集中资源是专业化经营的关键。

巨人集团悄悄地东山再起以后，便采取了不同的战略，他认识到，关键是要让自己的核心资源和其选择的战略相匹配，他的个人魅力使得当年跟他一起做"脑黄金"的一批骨干仍然追随在他左右，他的营销能力依然独步中国，他改变当年的从不贷款的口号，转而现在开始利用资本。这是他通过脑白金能够再次重现当年辉煌的关键所在，另外，这次"二次创业"他更谨慎了，他三条铁律之中有一条就是，不得盲目冒进，草率进行多元化经营。于是，巨人集团（注册为上海健特保健）又悄悄地积聚起了实力。这才有了以后的巨人网络，在纽交所的一飞冲天。大家可以清晰地看到，巨人集团的成功，基本就是在两个产业：IT 业和保健品产业上，集中优势兵力的突破战略。这就是他们核心资源和竞争力的地方，选择对了相匹配的战略，公司就能稳步迈向成功。

大学生创业者可以利用的物质资源有很多，包括土地、器材、设施和原材料等。这些资源能够帮助大学生创业者有效地节约成本，从而有更多的现金流保障现有运营和未来发展。如何利用好这些资源是有讲究的，如果胡用、乱用，不但不可能发挥这些物质资源的优势，而且也不可能形成竞争力。

（三）商业活动

新企业度过了艰难的生存期，其发展会出现瓶颈，市场份额无法进一步提升，所以创业者需要利用各种商业活动，提高产品的市场渗透，进行地理扩张，获取新企业成长发展的机会。

（四）企业文化

企业文化中的理念和习惯可以在各处生根发芽，它可以产生于一个有影响力的个人、工作集体、部门或分支机构；它可以产生于组织等级的低层或高层。一般情况下，新企业缺乏资源也没有市场，大学生创业者会利用一种核心思想把员工紧紧地团结在一起，让大家拧成一股绳，并且任劳任怨、苦干实干。这种没有实体的超强助力剂就是企业文化。

个人的综合素质所反映的是他的价值观念、文化水平、道德准则、综合运用知识等各个方面。人在离开学校，进入企业或社会后，周围的一些环境会对他个人价值体系、思想体系产生影响。随着知识经济和经济全球化的发展，企业之间的竞争越来越表现为文化的竞争，企业文化对企业的生存和发展的作用越来越大，成为企业竞争力的基石和决定企业兴衰的关键因素。在企业中，企业文化的建立与企业文化体系的形成，对员工的思想和行为都将产生积极的引导作用和教育作用。

企业文化的形成反映在企业的价值观、士气和沟通的方式中，也反映在全体员工的行为习惯中。这说明企业文化同企业的生存与发展息息相关，决定着企业的生死存亡。

人最宝贵的是时间，替他人节约时间，就是替他人节约生命。公司清楚这一理念时，这种文化和价值观就发挥了巨大的作用。公司在运营的方方面面都遵循了这一观念，使得员工无论做什么，先想到的就是要节约别人的时间，提高别人的效率，从而把很多事情做好、做细。

大多数新企业想要实现快速发展，往往都会形成比较固定的企业文化价值观来支持企业健康有序向上发展。只有当快速成长的企业的创建者和团队热爱他们所从事的事业时，企业在管理上才会卓有成效，团队成员也会审时度势，团结起来，倾注全部心血围绕在这一理想周围，使企业的文化价值能够延续下去。

（五）技术的突破性创新

如果新企业在某一核心技术领域实现了重大技术性突破，那么无疑将会占据技术产业发展趋势的指导地位。企业技术的突破性创新能够导致产业技术趋势的变化，从而影响产业格局的重大改变，这在学术界被称为"主导范式地位"的创业模式。这种模式尤其在电子、新材料、新能源、生物技术领域比较常见。

二、企业成长推动外部因素

（一）宏观环境分析

企业是一个开放的经济系统，其经营管理必然受到客观环境的控制和影响。

企业要在充分研究外部环境的现状及未来发展趋势的基础上，抓住有利于企业发展的机会，避开环境威胁的因素。

宏观环境分析一般通过政治和法律环境、经济环境、社会和文化环境、技术环境等因素分析企业所面临的状况。

（二）经营环境分析

经营环境分析侧重于对市场及竞争地位、消费者消费状况、融资者、劳动力市场状况等因素的分析。

经营环境比宏观环境和行业环境更容易为公司所影响和控制，也更有利于公司主动应对其带来的机会和威胁。

三、行业环境及竞争对手分析

公司应当加强对所处行业调研、分析、发现影响该行业盈亏的决定性因素、当前及预期的盈利性以及这些因素的变动情况。

通过行业分析，确保公司在所提供产品或服务的类型、方式及地点，以及希望实现的产业规模等方面，能够与同行业竞争对手区别开来，建立和巩固自身市场优势，制定差异化竞争战略。

<h1 style="text-align:center">在校大学生刘虎锋创业案例</h1>

刘虎锋是陕西宝鸡农家孩子，2005年考入南京工业职业技术学院自动化专业，哥哥每月资助他300多元，整个读书期间异常艰辛。毕业后他在南京找到一份称心的工作，为一些大型的电厂、钢厂锅炉"热控"做技术检测。

刘虎锋任职的企业由于负责人经营不善亏损倒闭，在投资方准备注销公司时，刘虎锋觉得"太可惜"，出资人见状便把公司"壳"留给了他。就这样，凭着仅剩的几张办公桌椅以及缴了一年房租的"公司"，刘虎锋开始自主创业。起初，他投入了打工积攒的一万元，开始跑市场，可惜3个月下来却没有一笔业务，钱也花完了。快到年底，表姐借给他8000元，让他先回家。可刘虎锋却绕道前往一家电厂，为公司发展寻求转机。电厂负责人以前就对这个年轻人有好感，承诺给他一笔业务，刘虎锋立即回到南京"开工"。终于，这笔业务赚到6万元，他的创业路柳暗花明。

2010年，刘虎锋与女友常常兜里无钱，最困难时还需要回家筹资。一次他与军工企业谈生意，对方需要一种通信信息化设备，虽说刘虎锋对软件编程不陌生，但他为了订单质量仍请来专家合作，很快生产出全新产品。

为此，2011年公司销售额超过百万元。看到新项目的市场前景广阔，刘虎锋决意专攻这个系统集成产品，注册了"北冶机电设备公司"，并报名参加创业培训班以进一步提高业务能力。没过多久，他开着刚买的新车回家过年。

如果只是追求固有的成长，新企业也许能够生存下来，但无法发展壮大。如果能够积极地寻求外部的增长空间，把握住这些资源，那么就能为企业的上升打开通道。所以，组织各种资源，寻求外部增长也是新企业成长管理的基本技巧和策略之一。

四、政府的相关政策和扶持力度

一定时期里，国家或地方政府的产业政策或经济发展规划，会鼓励和引导一些企业的创立和投资。在这样的背景下，如果创业者能够积极利用经济扶持政策，进入相关的市场进行创业，无疑能够更加顺利。

思考训练题

（1）简述新企业的管理特点。

（2）简述新企业的优势与劣势。

（3）简述新企业生存管理的基本内容。

（4）简述新企业成长管理的基本内容。

第十一章　创业政策与法规

任务目标

通过本模块的学习，了解创业政策与法规，新创企业知识产权保护的法律形式以及应该注意的问题，从而更好指导初创业者。

案例导入

陶朱公的致富法则

离开越国后，范蠡隐姓埋名来到齐国。到齐国之初范蠡"耕于海畔，苦身戮力"地从事农业生产，由于春秋末年的齐国处于今胶东半岛的沿海地带，是社会经济相当发达的诸侯国，富有经商天赋的他不久便受到感染，决定易农为商。

他的经营策略大致有 5 个方面。第一，他认为市场行情，如阴阳五行，轮回循环，变动不居；大地时旱时涝，谷物时丰时欠。旱时造舟船，涝时修车马，以备后乏，这是万物之理。第二，知道战争要爆发，就要积极做好战备，了解各类货物需求的时令，才能把握市场行情的变化。第三，商品价格，瞬息万变，物价贵到极点，越然下跌，贱到极点，必定攀升。当商品昂贵之时，就应毫不犹豫迅速抛出，视之如粪土而不惜；当商品低廉之际，又要毅然乘时买入，视同珠玉而倍加珍惜。第四，积贮货物，务求完好，以防日后滞销。易腐易蚀的货物，即使价格再高，也不要长期存留，不能轻易固积居奇。第五，水纳百川，奔流不息，方能汇成大江大河。货币也是一样，如果让资金积滞不用，就会成为一堆死钱。只有使它周转不息，才能变成与日俱增的利润。

拥有如此卓越超前的经营思想，范蠡自然迅速发家致富，"致产数十万"而名闻齐地。齐国国君田常决定授范蠡以相印，带领齐国百姓共同致富。面对田常的任命，范蠡考虑再三还是觉得经商比从政安全且富有价值，但公然抗命不从就有可能死于田常的刀下，于是权衡利弊后决定"三十六计，走为上计"。

离开齐国以后，范蠡来到了宋国的陶邑（今山东定陶），并改名为朱公，此后便有了陶朱公之名。当时的宋国，正是殷商后裔的聚居地。殷人素有经商的传统。足迹广布，此后原为民族称谓的"商人"一词也就转化为商贾的专称。宋国的陶邑，虽然城市不如齐国都城那样宏大，但处于万商云集之地，百货汇流之所，极利经商致富。入陶邑的陶朱公更是如鱼得水。

据说，范蠡这套理论不仅使自己致富，还指引着他人致富。曾有一人慕名来到陶邑，向陶朱公请教致富之道。陶朱公在充分了解此人特长和结合市场变动情况进行分析以后，为他指引了一条生财之道。这位士人听后茅塞顿开，果然迅速发家致富，10年之间获利千万金。此人就是后来名满天下的猗顿。

法商时代，法律风险是企业最大的风险。依法经营、依法治企，是企业做大做强的有力保障。

——中金诚信投资控股集团董事局主席、总裁唐金龙

在创业阶段中，会有非常多的法律、法规约束创业者，这些法律、法规也是实现创业者们公平竞争的重要条件和基础。但国家也出台了相当多的政策来支持创业者，帮助他们成长起来，能够抵挡竞争的压力，从而为市场注入新鲜活力。这些都是确保市场有效、健康、高速发展的重要手段。而大学生创业者应好好学习这些政策和法规，则能够帮助自己所创办的企业快速成长和发展，从而最后实现自己的创业梦想。

第一节　创业企业相关的法律、法规

与创业有关的法律、法规主要包括《劳动法》《合同法》《产品质量法》《反不正当竞争法》《专利法》《商标法》《著作权法》等。大学生创业者需要认真学习这些法律法规，才不至于在创业的路上误入歧途，失去了大好机会和美好前途。

一、《劳动法》

《劳动法》是国家出台的一项调整劳动关系以及劳动关系密切联系的社会关系的法律条文。这些法律条文的制定，目的是处理工会、雇主及雇员的关系，从而保障各方面的权利及义务。《劳动法》是大学生创业者在创业过程中非常需要认真学习的法律、法规。

二、《合同法》

《合同法》又称《契约法》，《合同法》是指国家关于平等的双方或多方当事人，关于建立、更改、终止民事法律关系，发生一定权利、义务协议的法律条文。

到了社会，跟校园不一样，不再是道德形式的口头承诺，所以大学生创业者要密切注意《合同法》的各项内容，避免在以后的经济活动中受到侵犯或者是侵犯别人的合法权益。

案例

转 租 带 来 的 损 失

小张在大学里一直人缘好，脾气也好，同学们有什么事都喜欢找他帮忙。

毕业后，他和几个同学一起创办了一家小商品批发公司。起初，他们对批发公司的营业模式了解不多，在租用办公场地时竟然租用了远离批发市场的办公楼。结果不但客户不愿意跑来取货，他们自己对于这种往返于办公场地和批发市场的境况也不大满意。

后来，他们决定租用批发市场的办公场地。但现在的这个场地就要转租，由于在租房合同中并没有明确约定转租条款，因此，小张和同学们就自己做主将房子转租给了另一家公司。

半个月后，当房主得知这件事情时，大发雷霆。房主找到小张，并向他提出解除租赁合同，退还房屋和进行赔偿的要求。小张和几个同学一听就不愿意了，我们付了房租，只不过将房子转租，你不同意也就算了，还要解除合同、要求赔偿，欺人太甚。

于是，他们就和房主理论，可是当房主拿出法律条文时他们彻底傻了。房主给他们看了《合同法》第二百二十四条："承租人未经出租人同意转租的，出租人可以解除合同。"小张没办法，只好解除了租房合同，但由于他们违约在先，房主拒绝退还押金，并且他们自己还自掏腰包赔偿了另一家公司的损失。

小张没有认真履行合同，最后受到了法律制裁，经济上受到了巨大的损失，令人惋惜和无奈。这件事本来是可以避免的，但小张没有认真学习法律条文，而走上了违法违规道路，最后受到惩罚，这也为广大的大学生创业者敲响了警钟。

三、《产品质量法》

《产品质量法》是规定产品的质量监督和管理，以及大学生创业者对其生产经营不当对他人人身造成伤害或财物精神损失应承担的赔偿义务的法律条文。这其中需满足下列条件：① 生产不符合产品质量要求的产品；② 有人身伤亡或财产、精神损失；③ 产品问题与财产精神损害有因果联系。

因为该项法律条文会令大学生创业者产生刑事案件，从而导致牢狱之灾，所以一定要认真学习和防范。

四、《反不正当竞争法》

竞争者之间常常会因为利益因素而使用不正当竞争手段，而《反不正当竞争法》则是有效制止和控制不正当竞争行为的法律条文。《反不正当竞争法》中包括：① 假冒或伪造他人的注册商标；② 在没有经过许可认证的情况下使用知名商品名称、产地、包装、认证标志、商品质量、装潢等，或运用跟上述元素混淆的手段，使消费者误以为是知名商品。

这些手段是很多不法商贩所惯用的不正当竞争伎俩，在这里奉劝各位大学生创业者千万不要学习和借鉴。

第二节 新创企业知识产权保护

案例导入

2017 年襄阳市首例高管创业侵犯商业秘密缓刑案

谢某——原 SH 公司知名总工程师，周某——原 SH 公司销售副总经理，两人在 2011 年先后从 SH 公司离职，并在同年携手注册了 GL 公司。2013 年 10 月 16 日谢某因涉嫌侵犯商业秘密罪被公安局刑事拘留，2013 年 10 月 18 日周某因涉嫌侵犯商业秘密罪被公安局决定取保候审。历时四年多的案子，经过长昊商业秘密律师的不懈努力，以及法官的公正裁判，在 2017 年 12 月 20 日的湖北襄阳，双被告均被判以缓刑，为一场历时四年之久的侵犯商业秘密罪诉讼画上句号。

运用法律保护自己的知识产权，是大学生创业者保护自己的重要手段。大学生创业者是具有热情、高水平、高素质的创业人才。通常情况下，他们能够比一般创业者竞争力强的主要原因就是他们从事脑力劳动，是用智慧劳动，而依法利用法律武器保护自己的脑力劳动和智力劳动，是大学生创业者保证自身竞争力合理、有效的手段。

一、《专利法》

《专利法》是国家有关专利部门确认发明人或其权利继承人享有其发明的专有权，其中，规定了专利享有人的权利和义务。它是大学生创业者保护自身脑力劳动成果的有力武器。大学生首先应当尊重他人专利的权利，尊重别人的知识成果，其次，应该很好地利用它使自己在市场竞争中保持有利地位。

二、《商标法》

《商标法》是确认商标专用权，规定商标注册、使用、转让、保护和管理的法律条文，它主要起到保护商标专用权、加强商标管理、维护商标的信誉，以保证消费者和商标所有人利益，促进市场经济有效、高速、健康、积极发展的作用。

三、《著作权法》

《著作权法》是有关部门针对关于保护艺术、文学、科学作品作者的著作权以及与著作权有关的权益而拟定的一项法律。它重在鼓励精神文明和物质文明作品的创作和传播，促进文化和科学产业繁荣发展。学会依法保护个人的著作权，是大学生创业者在创业过程中实现有效竞争很重要的保障之一。

创业创新，与知识产权同行

日前，备受关注的摩拜单车"扫码开锁"专利侵权案宣判，摩拜单车在一审中获胜，让不少人替摩拜这个创业"标杆"松了一口气。然而"你今天真好看"App 团队与阿里巴巴旗下团队关于"智能测肤"App 的知识产权纠纷，又让无数人的心提了起来。创业初期对知识产权问题认识不充分而引发的知识产权纠纷屡见不鲜，笔者认为，创业维艰，需要考虑的事情千头万绪，但不应忽视知识产权保护，提前布局才能让创业前路更加通顺。

多份调查报告显示，在企业初创期，资金和人力资源主要用于产品研发和推广，大多无暇顾及知识产权问题。知识产权引起创业者重视，往往是在真正遇到侵权问题之时。"你今天真好看"团队正是其中的典型。其团队创业一年多以来，将精力集中于深挖用户习惯，将产品打磨得更加成熟，但并未做好相关的知识产权布局。当产品足够成熟而引起关注和模仿时，却无法使用知识产权的武器捍卫自己的创新成果，让人扼腕。

反观摩拜单车，于 2015 年 3 月起提交专利申请，截至目前已围绕共享单车及管理系统提交专利申请 200 余件。虽然起诉摩拜单车侵权案件屡见不鲜，但有了专利储备的"加持"，摩拜单车便底气十足。

因此，创业创新，勿忘知识产权。知识产权在创业初期固然很难直接转化为价值，但创业企业不应忽视的是，知识产权在保护创意、增加公司估值、增强独占性甚至缠斗对手方面都有重要作用，也是小微企业重要的无形资产。知晓知识产权知识，尊重他人知识产权，维护自身合法的利益，是当下创业者最应具备的基本素质之一。与知识产权同行，才能使创业之路越走越宽广（知识产权报）。

四、大学生创业应该注意的事项

（1）创业企业在和员工签订劳动合同时，特别要注意哪些要点？

创业企业在与员工签订劳动合同时，应注意以下几点：

1）如果是劳动者不肯与企业签订书面劳动合同，企业应当在员工入职后 1 个月内通知劳动者终止劳动关系。

2）订立合同时不得要求劳动者提供担保的风险。

3）违法约定试用期的法律风险。

（2）小微科技型创业企业，如何依法引入战略投资者。

一般处在创业初期或产品研究开发阶段，注册资本较少，资产规模也很小。在这种情况下，按照国际惯例，这类企业在上市公开募集资金之前可以先通过私募引入必要的战略性投资伙伴，吸引一部分风险资本加入到公司之中。一方面能吸引新的股东注资入股，成为企业的战略投资者，从而提高企业的知名度；另一方面也能解决企业上市前的资金需求。那么，创业企业该如何引入战略投资者呢？

1）寻求意向投资者。

2）选择钟情投资者。

3）与战略投资者接触面谈。

4）签订合作协议。

（3）你的企业算小微企业吗？有哪些优惠红包？

1）小微企业是指从事国家非限制和禁止的行业，并符合下列条件的企业：工业企业，年度应缴纳所得税不超过 30 万元，从业人数不超过 100 人，资产总额不超过 3000 万元；其他企业，年度应缴纳所得税不超过 30 万元，从业人数不超过 80 人，资产总额不超过 1000 万元。

2）小微企业的优惠红包有以下几种：

（a）征收小微企业的企业所得税税率由原来的 25% 减低到 20%。

（b）对增值税小规模纳税人，月销售额不超过 2 万元的企业或非企业性单位，暂免征收增值税。

（c）自 2015 年 1 月 1 日起～2017 年 12 月 31 日，按月纳税的月销售额或营业额不超过 3 万元（含 3 万元），以及按季纳税的季销售额或营业额不超过 9 万元（含 9 万元）的纳税义务人，免征教育费附加、地方教育附加、水利建设基金、文化事业建设费等。

（d）自工商登记注册之日起 3 年内，对安排残疾人就业未达到规定比例、在职职工总数 20 人以下（含 20 人）的小微企业，免征残疾人就业保障金。

（4）技术转让所得能否减免所得税？

符合条件的技术转让所得可以减免企业所得税，具体规定为：

1）在一个纳税年度内，居民企业技术转让所得不超过 500 万元的，免征企业所得税。

2）超过 500 万元的，减半征收企业所得税。

（5）创业企业能不与员工签订劳动合同吗？

创业企业必须与员工签订劳动合同。《中华人民共和国劳动合同法》第八十二条规定："用人单位自用工之日起超过一个月不满一年未与劳动者订立书面劳动合同的，应当向劳动者每月支付二倍的工资"；第十四条规定："用人单位自用工之日起满一年不与劳动者订立书面劳动合同的，视为用人单位与劳动者已订立无固定期限劳动合同。"按此规定，企业用工不签订书面劳动合同，将承担非常不利的后果。

（6）符合贷款条件的大学生，申请小额担保贷款的流程是什么？

申请小额担保贷款的流程为：

1）申请人赴当地就业服务中心（小额担保贷款办公室）领取有关表格。

2）申请人送表格到当地就业服务中心（小额担保贷款办公室）。

3）当地就业服务中心（小额担保贷款办公室）对贷款人所创办企业进行考察。

4）贷款银行审查有关表格手续等。

5）签订贷款合同（银行与贷款人之间）。

6）发放贷款（银行将贷款打入贷款人个人银行卡）。

（7）陕西省高校毕业生创业基金贷款有何规定？

创业基金贷款的对象是 5 年以内、本人档案在陕西省内各级政府所属人才交流服务中心管理的普通高校毕业生；创业贷款为无息贷款，期限为 3 年；对于经营周期较长的项目，经审批可将贷款期限延长至 5 年。

（8）陕西省高校毕业生创业基金贷款该如何申请？

陕西省高校毕业生创业基金贷款流程为：申请→受理→审核→考察→担保→发放。详见陕西人才公共服务网大学生创业板块。

思考练习题

（1）创业相关的主要法律、法规有哪些？

（2）创办企业及特定行业管理的相关条例和许可证制度有哪些？

（3）谈谈知识产权对新创企业的影响？

参 考 文 献

[1] 黄海燕. 大学生创业教育. 长沙：湖南师范大学出版社，2017.

[2] 大学生创新创业基础. 西安：西北大学出版社，2016.

[3] 钟晓红. 大学生创业教育. 北京：北京理工大学，2010.

[4] 刘辉，李强. 大学生创新创意教程. 上海：上海交通大学出版社，2016.

[5] 刘胜辉. 大学生创新创业基础. 北京：北京理工大学出版社，2017. 08.

[6] 陈璐. 被埋没了的天才. Tesla：Man Out of Time：［美］玛格丽特·切尼：重庆：重庆出版社，2010.

[7] 院士专家谈创新. 北京：北京市科学技术协会杂志出版社，2016.

[8] 斯晓夫，《创业管理理论与实践》. 杭州：浙江大学出版社，2016.

[9] 尹建华. 创业管理. 北京：对外经济贸易大学出版社，2017.

[10] 陈葆华. 创业管理. 北京：北京理工大学出版社，2017.

[11] 刘绵勇. 创业学. 南昌：江西人民出版社，2016.

[12] 李家华. 大学生创业与就业指导. 天津：南开大学出版社，2016.

[13] 张秦龙. 大学生就业与创新创业教程. 北京：人民邮电出版社，2016.

[14] 陈吉胜. 大学生创新与创业指导教程. 北京：首都师范大学出版社，2016.

[15] 中华人民共和国专利法. 北京：知识产权出版社，2008.

[16] 中华人民共和国公司法. 北京：中国法制出版社，2015.

[17] 中华人民共和国合伙企业法. 北京：中国法制出版社，2006.

[18] 中华人民共和国公司登记管理条例. 北京：中国法制出版社，2014.

[19] 中华人民共和国税收征收管理法实施细则. 北京：中国法制出版社，2012.

[20] 百度百科：http://baike.baidu.com/

[21] 百度文库：http://wenku.baidu.com/

[22] 大学生创业网：http://www.studentboss.com/jihuashu/index.php